Les charismatiques

Monique Hébrard

Les charismatiques

cerf
fides

© *Les Éditions du Cerf,* 1991
ISBN 2-204-04372-9 (Cerf)
ISBN 2-7621-1782-8 (Fides)
ISSN 0986-4849

Avertissement

Lorsqu'un événement est aussi inattendu, déroutant, provoquant et fort que l'émergence du Renouveau charismatique l'a été, il n'est pas facile pour les commentateurs d'être impartiaux.

Les charismatiques emportent l'adhésion inconditionnelle et sans recul de ceux qui sont «dedans», et déchaîne la critique méfiante de ceux qui restent extérieurs.

L'auteur de cet essai de photographie des charismatiques dans l'espace et dans le temps, est journaliste et les observe depuis bientôt quinze ans. Elle a appris à les connaître de l'intérieur et pense que les catégories classiques de «progressisme» et de «conservatisme» sont inaptes à rendre compte d'un phénomène si complexe et aux aspects si variés. D'où un *a priori* de sympathie, sans laquelle il est difficile de comprendre l'autre.

Né de l'Esprit, mais aussi de la grande cassure sociétaire des années 60-70, le Renouveau charismatique est une expression, parmi d'autres, de la recherche de nouveaux repères pour l'an 2000.

Son impact dans les Églises chrétiennes sera certainement jugé déterminant.

M.H.,
mars 1991.

I

Une nouvelle Pentecôte en plein XXe siècle

En ce jour de la Pentecôte juive de l'an 30, les disciples de Jésus se sont discrètement réunis pour prier. Leur espérance, fondée sur la Résurrection, reste timide car humainement ils sont en état d'échec: Celui sur qui ils avaient tout misé a été ignominieusement mis à mort. Mais tout à coup leurs craintes sont balayées par un souffle puissant qui envahit le cénacle et leur foi est renouvelée par des langues de feu qui descendent sur eux. Et voilà nos apôtres qui sortent sur la place publique noire de monde, pour annoncer en toutes les langues Jésus Christ ressuscité, appeler à la conversion et au baptême, et même guérir les malades!

Ainsi l'Esprit Saint fut à l'origine de l'Église.

En lisant ce récit, nous serions tentés de faire la part d'un merveilleux de légende... si, en plein XXe siècle matérialiste et agnostique, un phénomène semblable ne s'était produit sous nos yeux! Des personnes, par milliers, et sur toute la surface de la terre, ont été littéralement transformées, illuminées par une joie intérieure intense et fortifiées par une foi à déplacer les montagnes. Ces personnes qui ont reçu, dit-on, l'effusion de l'Esprit, se sont mises à prier et à rendre grâce des heures durant, balbutiant parfois des mots incompréhensibles et harmonieux (c'est ce que l'on appelle le «parler en langues» ou glossolalie) et à savourer l'Écriture comme un miel de tendresse. Elles sont sorties sur la place publique pour annoncer Jésus Christ sauveur à temps et à contretemps et aussi pour guérir les malades.

Certains, poussés par le besoin de vivre un amour fraternel radical, se sont regroupés en communautés, reproduisant ainsi le récit des Actes (4, 32) : «La multitude des croyants n'avait qu'un cœur et qu'une âme et nul ne considérait comme sa propriété l'un quelconque de ses biens. Au contraire ils mettaient tout en commun. »

Le Renouveau charismatique (nous écrirons RC), appelé aussi «Nouvelle Pentecôte», était né.

Les débuts du Renouveau charismatique

Les catholiques ont coutume de situer la naissance du RC en 1967 aux États-Unis. Sur trois campus universitaires (Notre-Dame à South Bend, Duquesnes à Pittsburgh et université d'État du Michigan), des étudiants catholiques (Patti Callagher, Kevin et Dorothy Ranaghan, Ralph Martin, Gerry Rauch, Steve Clark...) et quelques professeurs de théologie, nourris par les *cursillos* (retraites spirituelles de laïcs qui ont beaucoup marqué tout le continent), priaient ardemment pour un renouveau de la foi. Ils furent exaucés de façon inattendue : des pentecôtistes qui priaient avec eux leur imposèrent les mains et l'Esprit Saint descendit sur eux. Sur les trois campus, des dizaines et des centaines d'étudiants rejoignirent bientôt leurs groupes de prière hebdomadaires, et il y eut de nombreuses conversions.

Deux ans plus tard, une cinquantaine de ces étudiants, catholiques et protestants, convaincus qu'il leur fallait désormais donner toute leur vie à Dieu, décidèrent de se remettre concrètement les uns aux autres et ensemble à Lui. C'est ainsi que naquirent les premières grandes communautés d'alliance américaine, dont la célèbre Word of God à Ann Arbor (Michigan).

Le RC américain a eu une influence considérable chez les catholiques du monde entier. C'est à des Américains, ou à des Français rentrant des États-Unis (Xavier Le Pichon, Albert de Monléon, ou Jean-Michel Rousseau qui reçut l'effusion de l'Esprit à Word of God), qu'un certain nombre de communautés françaises doivent leur naissance. C'est un dominicain américain, le père Mac Nutt, qui se donna pour tâche de diffuser le RC en Amérique latine (Pérou, Bolivie, République dominicaine, Guatemala, Mexique, Costa Rica, Colombie et Chili). Les Américains furent également très présents à la naissance du RC en Asie... Mais il serait faux de réduire la propagation du RC à leur seule influence. Le RC éclata à peu près à la même époque dans tous les coins du globe et dans toutes les Églises chrétiennes, sans que l'on sache toujours très bien comment le feu avait pris. Ce fut, selon les mots du père Gérard Desrochers, une «conflagration de puissance spirituelle nucléaire».

L'Esprit Saint toujours présent

L'Esprit Saint se serait-il absenté pendant vingt siècles pour réapparaître en 1967? Certes non! Outre qu'il assiste l'Église discrètement mais constamment, l'Esprit Saint se manifeste également de manière plus visible tout au long de l'histoire dans des personnes ou des groupes. François ne parlait-il pas aux oiseaux et au loup de Gubbio? Ignace n'aurait-il pas vécu huit jours de «repos dans l'Esprit» à la fin des *Exercices* de Manrèse? Thérèse de Lisieux n'ouvrait-elle pas sa Bible pour trouver la réponse de Dieu à une question ?

Mais, dans la tradition catholique, les manifestations charismatiques restèrent discrètes, leurs auteurs s'intégrant dans l'institution ecclésiale, en général en fondant des ordres religieux. La nouveauté du RC est, selon Bertrand Lepesant, fondateur du Puits de Jacob, « la prise au sérieux de l'exercice *conscient* des charismes ».

Ils n'étaient pas davantage pris au sérieux chez les héritiers de Luther et de Calvin, puisque ceux qui en faisaient l'expérience étaient rejetés et se séparaient de leur Église d'origine, engendrant ainsi une kyrielle d'Églises nouvelles. L'histoire de Wesley en est un bon exemple. Ce pasteur anglican, né en 1703 en Grande-Bretagne dans une famille de dix-neuf enfants, après une enfance vouée à une vie spirituelle intense, fit, au contact de « cercles pieux » et des pasteurs moraves, une expérience de l'Esprit. Fort de cette « religion du cœur », il se mit à prêcher avec vigueur sur la voie publique l'appel à la conversion. Ceux qui avaient éprouvé cette « sanctification », accompagnée de manifestations physiques et psychiques, se regroupaient en « sociétés », cellules d'une dizaine de laïcs, appelés « méthodistes » car adeptes d'une méthode spirituelle. Wesley mourut à quatre-vingt-huit ans, toujours en lien avec son Église ; mais après sa mort les 70 000 méthodistes s'en séparèrent. Wesley est considéré comme le précurseur des *revivals* (réveils spirituels dans les Églises protestantes aux XVIIIe et XIXe siècles) et du pentecôtisme.

Les prémices du pentecôtisme moderne

A la fin du XIXe siècle, des méthodistes se lancèrent dans une seconde croisade de réveils qui donna naissance aux « mouvements » et « Églises de sainteté» et à la «National Holiness Association» (1876).

En 1901, dans l'Illinois, un pasteur de ce courant de sainteté, Charles Parham, étudiait la question des charismes et priait, se refusant à admettre l'idée que ces manifestations de l'Esprit puissent être réservées à l'Église primitive. Il reçut une confirmation à son intuition quand Agnès Ozam se mit à parler en langues. En 1906, un autre pasteur d'un quartier noir pauvre de Los Angeles, William Seymour, reçut un message : «La Pentecôte est là.» Effectivement, tout le monde se mit à accourir à sa chapelle où il se passait des merveilles. A cette même époque, la «Pentecôte» touchait également l'Allemagne, la Norvège, l'Inde, l'Afrique et même la Chine. Déjà, à la fin du xixᵉ siècle au Danemark, le pasteur Grundtvig avait été à l'origine de communautés ferventes et d'œuvres humanitaires comme les écoles populaires ou les systèmes coopératifs agricoles. Son influence fut si forte que, jusqu'en 1930, les étudiants en théologie privilégièrent le subjectivisme et l'expérience personnelle de la foi.

Le pasteur Thomas Roberts, une des grandes figures du RC européen, évoquait souvent le feu *pentecostal* qui avait embrasé villes et villages de son Pays de Galles natal en 1904.

Mais ces vagues pentecôtistes, bien que certains eussent pensé qu'elles devaient renouveler les Églises, continuaient à engendrer des Églises séparées, ceux qui étaient touchés par l'Esprit étant en général rejetés de leur Église d'origine.

Manifestations sensibles de l'Esprit dans les Églises

Ce n'est qu'en 1936 que se produisit un événement qui annonçait un tournant décisif. Un pasteur pentecôtiste, David du Plessis, que l'on appellerait bientôt « Monsieur Pentecôte », se vit adresser par la bouche d'un plombier anglais, dans une chapelle de Johannesburg, cette prophétie : « Il y a un renouveau qui commence dont le monde à présent ne sait rien. Il viendra par les Églises, de manière nouvelle [...]. Le Seigneur a l'intention de se servir de vous pour ce renouveau [...]. » Dix ans plus tard, poussé par l'Esprit (mais bien certain qu'il allait se faire rejeter), David du Plessis s'en alla annoncer ce renouveau à l'assemblée des pasteurs du futur Conseil œcuménique des Églises. A son grand étonnement, il fut non seulement accueilli mais passionnément écouté !

A la même époque, en Hollande, des étudiants en théologie de l'Église réformée créaient, sans quitter leur Église, la première revue charismatique, *Feu*.

En France, après la guerre de 1914-1918, des pasteurs (parmi lesquels Wilfrid Monod et Alfred Bœgner) se réunissaient pour prier pour un réveil de l'Église réformée. En Ardèche, un autre foyer d'attente priante couvait avec le pasteur réformé Louis Dallière, qui avait reçu l'effusion de l'Esprit dans les années 30 et fondé l'Union de prière de Charmes.

L'Église anglicane était également touchée par l'Esprit avec le prêtre Michaël Harper, qui allait lui aussi devenir une grande figure du RC.

Plusieurs paroisses épiscopaliennes et luthériennes aux États-Unis étaient entraînées par leur pasteur dans un renouveau de l'Esprit. En 1962, David du Plessis put en réunir une quarantaine dans l'Ohio. Ainsi, dans de nombreux pays, des pasteurs et des laïcs baptistes, méthodistes, réformés, épiscopaliens, luthériens... préparaient les chemins d'un grand renouveau des Églises. Mais le plus étrange ne s'était pas encore produit : l'effusion de l'Esprit chez les catholiques, traditionnels ennemis des pentecôtistes.

A vrai dire, côté catholique, le chemin d'un

« retour de l'Esprit » avait également été préparé. Par l'effusion de l'Esprit reçue par quelques-uns (qui se gardaient bien de parler de cette étrange aventure), et surtout par le concile Vatican II. Lors de la séance du 22 octobre 1963, un cardinal s'était opposé à ce que l'on parle des charismes dans la constitution sur l'Église, invoquant la théorie augustinienne de la cessation des charismes selon laquelle les dons extraordinaires de la Pentecôte étaient réservés à l'Église naissante et ne devaient plus se renouveler. Entendant cela, un autre cardinal réagit fermement. Léo Joseph Suenens avait choisi en 1945, lors de sa consécration épiscopale, la devise *In spiritu sancto*, et déjà, étudiant à Rome, il rêvait d'une revitalisation de l'Église. Ce 22 octobre, le cardinal Suenens, modérateur au Concile, s'opposa donc à son confrère, soutenant que si l'Esprit Saint ne venait pas vivifier la vie de l'Église, les notions de Peuple de Dieu et de Corps du Christ, que le concile venait de remettre en valeur, resteraient lettre morte : « Nier l'actualité des charismes compromettrait la possibilité même d'un réel éveil religieux de l'ensemble du Peuple de Dieu. »

Grâce au cardinal Suenens, la notion de charisme fut réintroduite dans le texte conciliaire qui affirme que les dons de l'Esprit font partie de l'équipement normal de l'Église et sont accordés à tout baptisé. Le même Concile invitait aussi les catholiques à s'ouvrir aux dons des autres chrétiens, les préparant ainsi à accueillir cette Pentecôte qui viendrait par les protestants. Ce fut d'ailleurs le cardinal Suenens qui, à l'occasion de nombreuses conférences dans les milieux protestants américains sur l'expérience œcuménique du Concile, fut l'un des premiers témoins européens de la naissance du RC. Donc, au seuil des années 70, de par le monde entier, une nouvelle Pentecôte avait touché des centaines de milliers de chrétiens, protestants mais aussi catholiques, qui non seulement ne quittaient plus leur

Église mais brûlaient d'un amour tout neuf pour elle.

La nébuleuse des born again

Il est important de bien situer le RC de la fin des années 60 — et à plus forte raison le RC catholique — comme une petite planète de la grande nébuleuse des *born again*, de ceux qui, comme Nicodème, ont fait l'expérience d'une seconde naissance. Le sociologue missionnaire anglican David Barrett, qui travaille depuis des années la question, estime à 332 millions (soit 21 %) les chrétiens de toutes les dénominations et Églises qui ont été touchés par l'Esprit, et il prévoit qu'ils seront 562 millions (soit 28 %) en l'an 2000. Si l'on y ajoute ceux qui ne sont pas affiliés à une Église, on totalise 619 millions de personnes !

David Barrett les classe en trois vagues (elles-mêmes subdivisées en trente-huit catégories): 1. ceux qui sont issus du pentecôtisme traditionnel (évalués à 176 millions); 2. les charismatiques (123 millions, dont 64 millions de catholiques); 3. ceux qui font partie de la «troisième vague» (évaluée à 28 millions), essentiellement composée d'évangéliques.

Quatre millions de personnes travaillent à plein temps de par le monde au service de ces renouveaux, dont un million dans 13 800 institutions et services pentecôtistes ou charismatiques. Alors que certains disent que le mouvement stagne, David Barrett lui accorde une croissance globale de 19 millions de membres par an.

D'après les statistiques de David Barrett, on peut faire le portrait robot du *born again*. Il est jeune, pauvre (87 %), de couleur (71 %), surtout urbain, et en famille plus que célibataire. Il ne quitte plus son Église.

Les évangéliques

Dans ce panorama, les évangéliques représentent une force évangélisatrice mondiale croissante. Ils sont 200 millions dans le monde, et sont de plus en plus impliqués avec le courant charismatique. L'annuaire de la Fédération évangélique de France est passé de 20 à 616 pages et les Américains qui se reconnaissent évangéliques sont passés de 22 % à 33 % entre 1978 et 1986.

On regroupe sous le nom d'«évangéliques», des baptistes, des mennonites, des méthodistes, l'Armée du Salut... et bien d'autres, avec des frontières souvent floues qui peuvent passer à l'intérieur d'une même dénomination.

Fils de Wesley, comme lui héritiers spirituels des moraves et des piétistes, ils se greffent à l'origine sur le tronc puritain des fondateurs de la Nouvelle-Angleterre persuadés que Dieu avait signé un pacte (*covenant*) avec l'Amérique et rêvant d'en faire une théocratie. Ils se sont ensuite diversifiés. Mais malgré le nombre de dénominations qu'ils représentent et la variété de leurs pratiques et doctrines secondaires, les évangéliques ont des traits spirituels communs. Selon Alfred Kuen, professeur à l'Institut biblique Emmaüs à Vevey, «ils mettent l'accent sur l'autorité des Écritures, la foi personnelle, la réalité de la nouvelle naissance, l'action sociale découlant de la foi, l'intérêt eschatologique et apologétique, l'importance de l'évangélisation et de la mission». D'autres y ajoutent leur sévérité à l'égard de la nature humaine.

Il faut cependant distinguer plusieurs types d'évangéliques. Les «vieux évangéliques» restent marqués par la vague fondamentaliste de la fin du XIXe siècle et continuent à prendre la Bible à la lettre et à militer contre le modernisme. Ce courant est très influent aux États-Unis et dans les pays du tiers monde. Il est illustré, de pitoyable manière, par des télévangélistes au message simpliste et perverti par la course au dollar. Ainsi l'Américain Jim Bakker dont l'empire PTL (Praise The Lord) desservait treize cents câbles, deux cents stations de télévision et qui vient d'être condamné pour détournement de fonds.

Par contre les « nouveaux évangéliques », apparus à partir de 1946, ont pris une distance critique par rapport au fondamentalisme et à ses engagements de droite. Dans la « charte de Lausanne », en 1974, ils déclarent que l'action sociale est aussi importante que l'évangélisation. Billy Graham est le plus illustre représentant de ces nouveaux évangéliques.

Évangéliques de la troisième vague

Au début des années 80, un certain nombre d'évangéliques se sont rapprochés des pentecôtistes (1re vague) et des charismatiques (2e vague). Ce sont eux qui composent l'essentiel de ce que David Barret appelle la « troisième vague ». Peter Wagner, professeur à la faculté de théologie évangélique Fuller de Pasadena en Californie, caractérise cette troisième vague par son ouverture aux autres chrétiens : « Les barrières traditionnelles entre charismatiques et pentecôtistes et nous, évangéliques, sont en train de s'abaisser puisque nous pouvons avoir les mêmes résultats, le même travail de l'Esprit Saint, même si nous essayons d'expliquer ce qui nous arrive de façon un peu différente. »

En effet, comme les pentecôtistes et les charismatiques, ils ont fait l'expérience de la seconde naissance, de la force de la Parole biblique et de la force de l'Esprit dans l'évangélisation, des dons de prophétie et de guérison. Par contre, ils ne parlent pas tous en langues et ne font pas référence à l'effusion de l'Esprit. Ce courant est également marqué par les vocations de laïcs au service de la mission et par la nécessité de la repentance pour que Dieu envoie son Esprit en puissance et convertisse des villes entières. Sans repentance, le Jugement va commencer à l'intérieur de la Maison de Dieu. Notons au passage qu'il y a là une parenté avec les messages de Fatima ou de Medjugorje (qui est un pèlerinage d'élection des charismatiques).

La majorité des évangéliques, à l'exception de quelques-uns comme les pasteurs français Jules Thobois et David Berly, n'admettent pas pour autant l'étiquette « charismatique ».

Les juifs messianiques

La nébuleuse des *born again* serait incomplète si l'on ne mentionnait pas les juifs messianiques, en pleine expansion. Aux États-Unis, ils comptent une quinzaine d'organisations (parmi lesquelles les Jews for Jesus) groupées dans une Union of Messianic Jewish Congregation. Ils ont leurs propres « synagogues messianiques » et des ramifications dans le monde entier. David Barret les estime à 150 000 dont les trois quarts se reconnaissent charismatiques. Ils ont tenu leur premier congrès à Jérusalem en 1988.

Comme le montre ce rapide survol, les renouveaux charismatique, pentecôtiste, évangélique... sont un trait marquant du paysage socioreligieux de la fin du xxᵉ siècle. Mais ils ne sont qu'un des aspects d'un renouveau spirituel aux multiples visages.

La prière charismatique

On demande souvent en quoi la prière du RC se distingue des autres formes de prière; n'est-elle pas tout simplement de la prière spontanée? Il suffirait de laisser libre cours à son improvisation en levant les bras au ciel! Au-delà de cette vue superficielle, essayons de comprendre en quoi une prière, quels que soient sa forme et ses modes d'expression, peut être dite «charismatique». Si nous recourons à l'étymologie de ce terme, il signifie essentiellement un don de la grâce. La prière est charismatique lorsqu'elle est accueillie comme une grâce, comme un don de Dieu. Il faut ajouter également que reçue comme une grâce, donc sous la mouvance de l'Esprit Saint, la prière doit être assez libre, assez livrée, pour que les charismes, s'ils sont donnés, puissent s'y exercer sans être perçus comme une bizarrerie étrange. Enfin on pourrait caractériser la prière dans l'Esprit Saint: une prière qui, accueillie comme un don de Dieu, revêt une dimension prophétique [...].

Mgr Albert Marie DE MONLÉON;
Il est vivant, mai 90.

L'effusion de l'Esprit

L'effusion de l'Esprit peut venir par la prière et l'imposition des mains de tiers, ou spontanément. Elle marque une transformation radicale de l'individu, comme s'il s'agissait d'une nouvelle naissance. En fait l'Esprit réactive la grâce du baptême pour qu'elle porte tous ses fruits.

Les fruits essentiels sont le goût de la Parole de Dieu, de la prière, de la louange, l'amour des sacrements, la confiance en la Providence, une intelligence nouvelle des choses de Dieu et des hommes, comme si la vision transperçait les apparences pour juger à l'aulne de la Réalité invisible. L'expérience tangible et la certitude d'être soi-même enfant bien-aimé de Dieu font naître chez les charismatiques un nouvel amour du frère qui peut aller jusqu'au partage communautaire intégral. Ce feu, et pour Dieu et pour les frères, les pousse au témoignage et à l'évangélisation.

L'effusion de l'Esprit peut s'accompagner (outre ces charismes essentiels d'amour, de foi, de force, de sagesse, de lumière) de charismes plus spectaculaires: parler en langues, don de prophétie ou de guérison.

Les charismes sont donnés pour la croissance de l'Église. «Pour cette croissance du Corps tout entier dans la charité, le RC est convaincu de la nécessité des dons spirituels» (Rapport Mgr Marcus, 1982).

Georgette Blaquière relève quatre constantes de l'effusion de l'Esprit:

1. «[...] une prise de conscience du "lieu du cœur" ou de la "fine pointe de l'âme" [...] cette demeure de Dieu en nous, cette source ensablée peut-être, qui brusquement devient jaillissante [...].»

2. «[...] une expérience de la gratuité du don de Dieu. Dans l'effusion de l'Esprit tout devient grâce. C'est Lui qui a l'initiative. Il me suffit de me laisser aimer [...]. Je suis retourné au sens profond du terme par cette expérience du don de Dieu qui transperce mon cœur comme celui des auditeurs de Pierre à la Pentecôte [...].»

3. «[...] une expérience fondamentalement trinitaire [...]. Je reçois de l'Esprit Saint la connaissance de Jésus dans son Mystère de Fils, de Sauveur, de Seigneur [...]. Jésus me conduit au Père, je redécouvre l'abandon au Père au travers du visage de Jésus [...].»

4. «[...] une expérience de l'Église sur deux points particulièrement précis [...] la dimension éternelle de l'Église [...] et l'Église comme communion, comme Corps vivant». (Allocution aux délégués diocésains du RC en avril 1986.)

II

Le renouveau charismatique dans le monde

S'il y a un seul Esprit, l'incarnation de ses dons reflète la palette des cultures, des idéologies, des formes ecclésiales, ainsi que la variété des histoires individuelles. Le RC de la fin des années 60 revêt donc une multitude d'aspects. Que de différences entre la communauté du Pain de Vie fondée par un ancien anarchiste amateur de drogue, et celle de Word of God influencée par le fondamentalisme américain ; entre le petit groupe de prière au fin fond de la Castille et la communauté naissante en Tchécoslovaquie ; entre David Berly, le jeune pasteur baptiste fondateur de la communauté de la Réconciliation engagée dans la lutte contre la pauvreté à Lille, et le prêtre catholique américain Tom Forrest, patron d'Évangélisation-2000 à Rome...

Aux extrêmes, il y a des charismatiques proches des télévangélistes et d'autres proches de la théologie de la libération. Pourtant, dans leur diversité, quelque chose de très fort les rapproche : ils ont tous fait un jour cette expérience fulgurante qui coupe la vie en un « avant » et un « après ». Ils sont, comme on dit joliment en Tanzanie, « tombés amoureux du Seigneur ».

Nous nous proposons maintenant de faire un rapide tour du monde, pour donner une idée de la diversité des visages de quelque soixante mille groupes de prière catholiques et de nombreuses communautés dans cent quarante pays.

Dans le cadre d'un ouvrage si «bref», nous sommes obligés de privilégier une approche, la catholique en l'occurrence, sans pour autant oublier les autres dénominations.

États-Unis, les grands espaces de la foi

Avec son million de catholiques dans des groupes de prières, ses 10 millions de charismatiques, ses 60 millions de *born again*, sa tradition de *revivals* et de pentecôtisme, sa foi naïve et enthousiaste, sa conscience d'être un peuple appelé à convertir le monde et son audace pour annoncer Jésus Christ dans les médias, l'Amérique du Nord est le continent du meilleur et du pire. Le RC y compte six mille groupes de prière et y a été durablement marqué par les grandes communautés des origines : Word of God, People of Praise (South Bend) et Mother of God (Washington DC). Dans cette société composée d'une mosaïque de peuples et de religions, l'Américain moyen recherche à la fois à s'intégrer à l'*american way of life* et à faire reconnaître son identité (de couleur, de communauté culturelle d'origine, de religion...). C'est sans doute ce qui explique que le RC catholique y soit à la fois naturellement œcuménique («on a tout copié chez les protestants», disent certains) et marqué par une affirmation exagérée de l'identité catholique.

La crise de Word of God en est une démonstration. Cette grosse communauté (1 700 adultes et 1 300 enfants), reflétant une grande diversité ethnique, sociale, religieuse (dénominations protestantes, juifs messianiques, 65 % de catholiques regroupés dans la fraternité Christ the King) et qui a une influence mondiale par l'association internationale Sword of the Spirit, est en train d'éclater. Très structurée et hiérarchisée, affirmant avec force son identité en réaction contre un monde jugé satanique, la communauté avec ses 90 permanents et ses services et écoles communautaires, était devenue une citadelle. Dès 1970, Tom Yorder avait mis en garde ses compagnons contre le gouvernement autoritaire de Steve Clark et sa pastorale fondamentaliste notamment sur la question des couples. Il fut exclu de la communauté. Mais, vingt ans plus tard, c'est l'un des cofondateurs, Ralph Martin, qui avoue que les écailles lui sont tombées des yeux et qu'il se rend compte que pour combattre les «ennemis de Dieu» (marxisme, sécularisation, relations égalitaires entre hommes et femmes), la communauté a eu recours à des «règles policières» (vêtements, éducation des enfants, mariages soumis à l'approbation des Anciens...) et à des pressions envers ceux qui voulaient partir.

La communauté s'est donc scindée en deux, les uns restant fidèles à Steve Clark et Bruce Yocum, les autres épousant les remises en cause de Ralph Martin. Ces mêmes scissions et départs se retrouvent bien sûr au sein de Sword of the Spirit.

Un des traits du RC américain est son côté spectaculaire. A titre d'exemple, l'histoire de l'université de Steubenville. Lorsqu'en 1969, le père Michaël Scanlan fut nommé recteur du plus grand séminaire franciscain des États-Unis, il demanda à Dieu ce qu'Il attendait de lui. Réponse: «Que tu en fasses des saints.» Oui, mais comment? «Il faut d'abord que vous receviez l'effusion de l'Esprit», lui souffla une carmélite. La recette devait faire ses preuves à l'université franciscaine de Steubenville, dont le père Scanlan accepta la présidence en 1974, à la condition que tout soit soumis à l'Esprit. A son arrivée, les dortoirs étaient mixtes, on parlait de supprimer les messes, et un professeur animait une cellule du Parti communiste. Deux ans plus tard, l'église était bondée et les trois quarts des étudiants assuraient une adoration perpétuelle quotidienne. Une communauté d'alliance, les Serviteurs du

Christ-Roi, en lien avec Ann Arbor, avait été fondée et les étudiants vivaient en maisonnées non mixtes avec un berger élu. Un ordre féminin, rattaché au tiers ordre franciscain, était également venu s'installer sur le campus ainsi qu'une fraternité de prêtres. Le secret de ce retournement ? Tout soumettre à la souveraineté de Jésus Christ, être catholique, c'est-à-dire «enseigner la vérité qu'enseigne l'Église catholique», et avoir à la tête de véritables pasteurs, répond M. Scanlan.

A côté de ce courant de la première heure, un autre, plus ouvert, plus diffus dans les lieux d'Église, gagne du terrain. C'est le courant Pecos, du nom d'une ville de l'État du Nouveau-Mexique où une abbaye bénédictine réalise une heureuse harmonisation entre la spiritualité contemplative, la psychologie jungienne (apportée par leur «école de formation spirituelle et de direction» destinée aux responsables pastoraux des paroisses, mouvements, œuvres, institutions) et l'apport du RC. L'influence Pecos se répand parmi les charismatiques, tendant à supplanter celle des grandes communautés du début, avec les tensions que l'on imagine.

Essouflement au Canada

Le Canada est marqué par un grand nom, celui du père Jean-Paul Régimbald qui fut l'un des diffuseurs internationaux du RC, notamment en France. Il est indirectement à l'origine de la communauté de vie Myriam Beth'lehem, fondée par sœur Jeanne Bizier et reconnue en 1985 «famille spirituelle de consacrés selon les canons 327 et 329 du code de droit canon».

Cette «famille», à la fois contemplative et apostolique, compte un millier de «petits frères» et de «petites sœurs», dont une centaine de couples, qui sont très insérés dans leur diocèse. Ils ont maintenant dix maisons dont deux en Haïti.

Il y a également une branche jeunes (400 jeunes, dont 160 ont fait une consécration à Marie et 104 une promesse de chasteté), un service pour le troisième âge, un autre pour les tout-petits et Solitude Myriam pour les divorcés qui ne se remarient pas. Mentionnons également le centre de formation charismatique Jésus-Ouvrier à Québec qui a un certain impact et une trentaine de « cafés chrétiens » pour l'évangélisation des jeunes qui sont proches du RC.

Très organisé et hiérarchisé dès le début, le RC canadien marque depuis 1984 des signes d'essoufflement. Mais d'autres y voient des pousses nouvelles, notamment avec l'implantation des Fondations du monde nouveau.

Amérique latine, le défi de la pauvreté et des sectes

L'Amérique latine est un continent en ébullition où le RC est né dans un contexte de dictatures, de guerre civile, de pauvreté, d'influence nord-américaine.

Il est foisonnant et dynamique, varié (groupes de prière, petites communautés de vie, grandes communautés d'alliance, microsociétés...) et somme toute assez bien inculturé. C'est un renouveau de caractère populaire et massif. Le stade aztèque de Mexico a accueilli plusieurs fois quelque 70 000 personnes et le stade Morumbi de São Paulo, au Brésil, 150 000 personnes à la Pentecôte 1987 et en mai 1991.

Si l'on note un certain essoufflement au Chili où les jeunes ont déserté les groupes de prière (à noter qu'ils adhèrent avec enthousiasme à la branche jeune des Fondations du monde nouveau venues de France et qui leur proposent une formation communautaire et des perspectives missionnaires), on assiste par contre à un développement spectaculaire à Cuba. On compte une

quarantaine de groupes de prière à La Havane et
deux millions de charismatiques au Brésil.

Certains centres ou communautés charismatiques ont une grosse influence dans l'Église et la
société. Ainsi la maison Cornelio ouverte en 1982
à Guadalajara, au Mexique, qui organise une
catéchèse pour jeunes et adultes, des cours de
pastorale sociale, une école d'apôtres, des groupes
de jeunes...

Mais la communauté qui rayonne le plus sur
tout le continent est celle de Minuto de Dios à
Bogotá.

La Minute de Dieu, nom d'une émission de
radio et d'une association, existait dix ans avant le
RC, mais l'effusion de l'Esprit, reçue par les
dirigeants, l'a fait produire au centuple, y compris
dans ses engagements sociaux.

Vaste entreprise communautaire aux multiples
visages, Minuto de Dios vise le développement
intégral de l'homme sous tous ses aspects, faisant
le pari qu'un quartier, qu'une ville qui veulent
sortir de leur misère le peuvent, en créant leur
propre spirale de développement. Il suffit au
début de prêter de l'argent aux gens pour qu'ils
se construisent une maison, créant ainsi des
emplois. Quand les gens sont bien logés, ils
peuvent accéder à une dignité, s'instruire, travailler, s'organiser pour produire.

Au centre charismatique de Bogotá, on propose
aussi bien des consultations médicales et juridi-
ques qu'une aide pour les alcooliques. On y
recherche de nouveaux modes d'association pour
la production et la commercialisation agricole, on
y crée des emplois. Le centre possède aussi bien
une bibliothèque qu'un collège de 7000 élèves, et
il organise d'autre part des manifestations artisti-
ques et culturelles.

La dernière création est une université dont les
quatre facultés ont des spécialités éloquentes:
«éducation» (formation de formateurs du changement social chrétien), «communication et jour-

nalisme » (pour la promotion du développement intégral dans les médias), «développement social» (formation de techniciens et ingénieurs capables de s'engager avec les pauvres) et «administration et développement social».

De nombreuses communautés charismatiques vivent autour du centre. Elles se nomment Terre nouvelle, Joie, Nouvelle Alliance, Jérusalem nouvelle, Mendiants par amour, etc. Un programme de rénovation de l'habitat a été mis sur pied dans cinquante quartiers populaires de Bogotá et l'action de Minuto de Dios s'étend à une quarantaine de villes et villages de Colombie. La communauté Minuto de Dios rayonne non seulement sur le pays mais sur tout le continent. Dès 1973 s'y rassembla un concile de jeunes et la première des ECCLA, réunion de leaders charismatiques, de prêtres et d'évêques de tout le continent.

Afrique, un immense espoir

En Afrique, le RC n'a pas encore dit son dernier mot. Il se développe actuellement, selon une expression du père Éric de Rosny, «comme le feu dans la savane sèche».

Un feu qui a pris dans les années 1975-1978 au Ghana puis au Cameroun, avec le père Hebga (son mouvement Ephata compte aujourd'hui 210 groupes), au Sénégal, au Zaïre, au Congo. Seconde flambée dans les années 1982-1985 au Cameroun, Niger, Sénégal, Bénin, Côte-d'Ivoire, avec l'implantation de communautés françaises sollicitées par les évêques locaux. Pascal Pingault, fondateur du Pain de Vie, qui fait de nombreuses tournées de prédications et retraites à la demande des évêques, dans les collèges, les paroisses, les léproseries, auprès des prêtres, est frappé par la soif de spiritualité des Africains. Des foules de deux à trois mille personnes viennent l'écouter et beaucoup de jeunes, souvent diplômés, sont intéressés par la forme de vie dépouillée du Pain de Vie. «Ils ont pris conscience que la société occidentale n'était qu'un miroir aux alouettes, dit Pascal, ils sont revenus et du marxisme et du libéralisme, ils en ont marre des demi-mesures. J'arrive avec l'Évangile mais aussi des vues sociétaires et cela les intéresse.»

L'impossibilité de faire face à la demande en envoyant des Français pour démarrer des fraternités africaines a conduit le Pain de Vie à tenter une nouvelle expérience au Bénin en lançant une fraternité avec uniquement des Africains qui sont formés conjointement par l'Église locale et des visites des responsables du Pain de Vie. Cela va d'ailleurs dans le sens souhaité par Pascal Pingault de «laisser la culture locale investir notre intuition, tout en gardant un lien canonique très fort avec nous».

Le RC africain continue à se propager: 705 groupes de prière au Rwanda rassemblant plus de 20 000 personnes, 60 groupes de prière dont certains de 2 000 à 3 000 membres à Kinshasa, 30 groupes à Abidjan, démarrage de petites communautés au Sahel, en plein monde musulman, formidable impulsion donnée au Liberia en 1989 par un séminaire de vie dans l'Esprit, retraites de sept jours dans l'esprit des *Exercices* de saint Ignace en Côte-d'Ivoire, etc.

Les groupes charismatiques sont sur le front des luttes contre les grands fléaux africains: lèpre, sida, prostitution, corruption, sectes...

Le RC est une véritable chance pour l'Église d'Afrique, pense le jésuite, Eric de Rosny, «car il permet au peuple de s'exprimer émotionnellement. Or tant que la foi ne s'exprime pas à ce niveau, elle reste étrangère pour l'Africain.» Une religieuse zaïroise qui a d'importantes responsabilités pastorales, Bernadette M'Buy, témoigne: «Le peuple est assoiffé de Dieu et a besoin de maîtres de vie spirituelle et il ne trouve pas dans nos Églises de véritables pères et mères spirituels.

Il les trouve avec les bergers et les bergères des groupes de prière, dont l'emprise est parfois trop forte d'ailleurs. Le RC est également une chance face à la montée des sectes. Notre peuple a peur des sorciers, des esprits et l'Église n'a pas pris cela au sérieux. Dans les groupes de prière il y a des prières de délivrance et cela convient aux gens. Ces groupes accueillent aussi des loubards, des exclus qui ne fréquentent pas l'Église. »

L'Asie sous influence évangélique

Impossible de faire une synthèse d'un continent aussi varié que l'Asie ! Une chose frappe cependant : le RC y est confronté, comme en Amérique latine, à la présence active des pentecôtistes et des évangéliques entraînés à l'évangélisation, présents au milieu des pauvres (comme en Thaïlande, au Bangladesh, au Sri Lanka) et terriblement efficaces (à Séoul, la paroisse centrale du Plein Évangile compte un million de fidèles, et en gagne 100 000 par an).

L'évangélisation est un défi pour le RC catholique. En Inde, à Noël 1989, lors de la VIIIe rencontre nationale, Mgr D'Souza exhortait les charismatiques à être «un cinquième évangile», vivant et visible. Pour cela le RC indien mise à fond sur la formation de laïcs, de prêtres et de religieuses par les «collèges bibliques catholiques charismatiques» (celui de Bombay a formé depuis 1979 plus de 50 enseignants d'Écriture) et les retraites.

Après une retraite charismatique à Cujerat, une cinquantaine de prêtres et religieuses ayant reçu l'effusion de l'Esprit ont formé des équipes pour donner à leur tour des retraites charismatiques. Le père Mascarenhas, jésuite, ancien président de l'ICCRO est l'un de ces infatigables prédicateurs dans toute l'Asie... et animateur d'un groupe de prière de 300 personnes, en langue konkani, dans sa paroisse de Bombay.

En Malaysia, où les chrétiens ne représentent que 7 % de la population (dont 4 % de catholiques), le RC est modeste et sa structuration nationale assez faible (un seul délégué diocésain à Kuala Lumpur) mais son développement est prometteur. On y trouve des réalisations de type très différent. La communauté Servants of Yahve, importée des États-Unis, s'est marginalisée par rapport à la pastorale de Malaysia fondée sur les communautés de base, que les membres de Servants of Yahve ont quittées. Au contraire, les Fondations du monde nouveau, importées de France par le biais des Missions étrangères, veillent à ce que les Malais continuent à vivre dans leurs communautés de base leurs engagements aussi bien liturgiques que sociaux.

Autre style encore, la communauté, petite mais florissante, de Kinabalu, parmi les pauvres des plantations en brousse.

En Thaïlande, autre pays de minorité catholique, les groupes de prière sont également en pleine croissance.

Mais le paradis du RC asiatique, ce sont les Philippines, pays à grande majorité catholique, où il est né en 1972-1973 en provenance des États-Unis. Ce fut une véritable flambée dans ce peuple très sensible : 10 millions de personnes furent touchées, donnant naissance à des groupes de prière et, dans un deuxième temps, à des communautés. Dans tous les quartiers de Manille il y a des groupes de prière. Dans le diocèse de Iloilo on compte 51 groupes de prière paroissiaux et 200 petites communautés. Américanisée et un brin fondamentaliste, la communauté de Ligaya ñg panginaan à Manille, avec ses quelque 3 000 membres, est sous la responsabilité d'un jésuite américain.

Toute différente est la communauté God's Little Children, fondée par un Philippin, le père

Bart Pastor. Il était curé de la paroisse Santo Nino, de Tacloban City, lorsqu'en 1977 une centaine de leaders de groupes de prière, réunis là pour une récollection, reçurent l'appel à se remettre tous ensemble entre les mains de Dieu. Le curé devint le directeur spirituel de la communauté naissante. Aujourd'hui God's Little Children compte 530 membres engagés par une promesse, et plus de 2 000 associés qui suivent une formation et cheminent en groupes répartis selon l'âge et le degré d'avancement en maturité spirituelle. La communauté a mis sur pied un programme de développement humain intégral qui va de l'éducation sanitaire à la vie spirituelle, en passant par l'alphabétisation et la gestion d'un budget. Ce programme est d'abord destiné aux membres de la communauté — dont 40 % sont au-dessous de ce que l'on estime être le seuil de pauvreté — qui ensuite deviennent des formateurs au service non seulement des autres membres de la communauté, mais aussi de la population. C'est pour eux un véritable ministère car l'évangélisation, à God's Little Children, a deux volets : religieuse et spirituelle d'une part, et socio-économique d'autre part.

« Lorsque les membres ont acquis un degré de maturité suffisant, dit le père Bart, on aborde les problèmes sociaux, le péché social qui nous entoure, l'injustice, la pauvreté, tout ce qui déshumanise, et l'on réfléchit à la façon dont on peut retrouver la dignité des enfants de Dieu à travers le développement personnel. »

De multiples services sociaux, des créations d'emplois (fabrique de briques, industrie de vêtements, garage, élevage, cultures...), des constructions de maisons, contribuent à rendre aux membres de la communauté, mais aussi à la population environnante, leur dignité humaine.

Au Paraclete Complex, propriété de cinq hectares qui a été donnée à la communauté, des retraites sont organisées ainsi que des séminaires de pastorale et de développement socio-économique.

Civilement, la communauté est une association sans but lucratif, reconnue comme ONG, et qui collabore avec le gouvernement pour le développement régional. C'est une expérience pilote qui commence à faire école.

Canoniquement, c'est une association privée de fidèles sous l'autorité de l'archevêque de Palo.

Huit principes sous-tendent toute cette action : esprit d'enfance et abandon au Père, humilité, prière permanente, prière communautaire et adoration, usage des charismes pour édifier la communauté, eucharistie, Marie et joie.

Dans ce peuple spontanément religieux, l'avenir du RC passe par les enracinements solides, dans la formation et dans une incarnation ecclésiale et sociale. C'est dans cet esprit que le cardinal Sin a fait venir aux Philippines la Communauté chrétienne de formation et le Pain de Vie.

Europe, modération et incarnation

En Europe, les sources du RC sont multiples, mais on peut dire que les religieux et religieuses en ont été partout de bons vecteurs. En Irlande, en Suisse romande, en France..., ce sont eux qui les premiers ont compris et accueilli ce RC qui réveillait sans doute la nature charismatique de leur fondation et de leur vocation propre.

Le RC européen offre des visages très différents suivant les pays, la France étant la seule à avoir tant de communautés. En Italie, le RC est florissant (70 000 personnes dont 30 % de moins de trente ans et un millier de prêtres à la XIIe conférence charismatique de Rimini en 1989), mais il ne compte que des groupes de prière dont les pivots sont des prêtres. Au contraire, dans l'ex-Allemagne de l'Ouest, un millier de groupes de prière fonctionnent sans la présence de prêtres, le clergé étant assez distant et méfiant, redoutant un retour du piétisme.

Il y a quelques communautés comme celle fondée par un jésuite, Fred Ritzhaupt. Persuadé que son apostolat auprès des jeunes n'aurait aucun avenir sans une relation et un engagement tout à fait personnels de ceux-ci avec Jésus, il démarra, en 1980 à Ravensbrück, un petit groupe de prière d'où naquit un centre pour la jeunesse chrétienne avec quatorze permanents, et la communauté Emmanuel de vingt membres, jeunes et adultes. Chaque membre est spirituellement accompagné et doit prendre un engagement. Chaque année une retraite de cinq jours rassemble cent vingt jeunes. La Suisse compte quelque 250 groupes de prière, une communauté catholique, La Croix de Jésus, à Melchtal, et une importante communauté protestante, Basileia, à Berne.

Les Pays-Bas comptent 150 groupes et la Belgique 300, caractérisés par leur petite taille, ainsi que cinq communautés dont quatre importées de France ou des États-Unis. Il y a également en Belgique deux centres au rayonnement important: Fayt-lez-Manage (confié depuis 1990 au Pain de Vie) et Natoye. L'Irlande compte 400 groupes de prière et 8 communautés, l'Autriche 400 également et 5 communautés.

L'Espagne n'a que des groupes de prière: 350, situés en majorité dans les régions de Madrid et de Barcelone et en Andalousie. Le RC est très structuré et en lien avec les évêques, mais il est resté modeste en nombre (environ 2500 personnes aux rencontres nationales), le terrain du renouveau spirituel étant déjà occupé par le néo-catéchuménat.

Le Portugal rassemble chaque année 5000 charismatiques.

En Grande-Bretagne, à côté d'une implantation du Lion de Juda, et de communautés américaines (The Word among Us, issu de Mother of

God, et The Antioch Community lié à Word of God), il y a un certain nombre de petites communautés de vie de dix à douze personnes : House of the Open Door (famille et célibataires dans une ferme de la banlieue de Londres, qui travaillent à l'évangélisation auprès des paumés et des prisonniers), New Creation, Emmaüs (deux familles en relation avec six prêtres), Upper Room Prayer Community (jeunes dans la banlieue de Londres, œcuménique), etc. Un groupe de prière très important, qui rassemble plus de cent jeunes dans la banlieue de Londres, à St. Alban, prévoit le démarrage d'une vie communautaire. Le jeune qui en est à l'origine est un ancien drogué que sa mère avait invité à un séminaire de vie dans l'Esprit. Il y a actuellement dans ce groupe onze futurs prêtres, dont un certain nombre d'anciens drogués.

Autre communauté anglaise intéressante, influencée par les franciscains : les Maltfriscans, punks convertis, qui ont des fraternités à Londres, Liverpool, en Écosse et à Rome.

La France est le pays européen champion toutes catégories en matière de créativité communautaire. Les communautés ont eu un tel impact que longtemps quelque deux mille groupes de prière sont restés dans leur ombre avant de trouver — après la Pentecôte 1988 — leur autonomie et leur représentativité propres. Ces communautés sont très différentes les unes des autres. Il y a la très catholique Emmanuel, l'œcuménique Chemin neuf structuré par la spiritualité ignacienne, la monastique Lion de Juda, la Parole de Vie qui fait partie de Sword of the Spirit, le Pain de Vie, marqué par le compagnonnage avec les pauvres et l'adoration eucharistique, les Fondations du monde nouveau et leur option pour une formation qui utilise tous les apports de la modernité. Fait remarquable : même les protestants, pourtant allergiques à la communauté, ont un département de recherche communautaire au sein de Fédération protestante de France qui regroupe notamment une bonne dizaine de communautés dans la veine charismatique, en général œcuméniques, parmi lesquelles la Réconciliation, de Lille.

Les communautés françaises ont essaimé. Un tiers des maisons du Lion de Juda se trouvent à l'étranger. En juin 1989, l'évêque de Bayeux bénissait les caravanes de la fraternité itinérante du Pain de Vie. En effet, Pascal et Marie-Annick Pingault et leurs sept enfants avec deux sœurs de la communauté partaient pour deux ans de visites des fondations étrangères et pour en lancer de nouvelles, notamment en Belgique, en Allemagne, au Portugal et en Europe de l'Est.

Chaque pays organise des rassemblements nationaux ou régionaux (renaissance en France des pentecôtes régionales), ou à l'initiative d'une communauté (l'Emmanuel à Paray-le-Monial, le Lion de Juda à Lourdes...).

En Europe de l'Est, le RC a sûrement un bel avenir. Il devrait contribuer, avec d'autres réalités communautaires, à revitaliser les Églises qui se sont compromises avec le régime communiste. En Tchécoslovaquie, une conférence œcuménique en juillet 1989 réunissait déjà 1 200 participants dont 200 catholiques. Il y a des groupes de prière à Moscou (lancés notamment par l'Emmanuel) et un comité de service national en Hongrie. Dans l'ex-Allemagne de l'Est, où le RC est venu par les luthériens, il y a une trentaine de groupes de prière dont dix à Dresde et dix à Erfurt qui regroupent entre cinq à trente personnes. Il existe une coordination catholique qui regroupe trois à quatre cents catholiques et quelque vingt-cinq prêtres. Une première réunion régionale du RC catholique en juin 1989 à Dresde avait réuni treize groupes de prière.

En Lithuanie, il y a un millier de charismatiques catholiques.

En Pologne, le RC rassemblait en 1988, au Xe

congrès à Gniazno, 10 000 responsables, et le cardinal Glemp disait combien il était important pour l'Église. Dès 1977 existait à Lódź le groupe Kanaan, promu par les jésuites. Très présent dans leur paroisse, les membres du groupe travaillent auprès des délinquants et gèrent un centre caritatif en lien avec Solidarnosc.

En Yougoslavie, le RC est né vers 1975 dans un groupe d'étudiants de Zagreb qui, après trois semaines de prière, ont trouvé une immense paix intérieure et un désir d'évangéliser. Après 1979, ces groupes de Zagreb ont organisé des séminaires pour l'évangélisation de l'Église dans les grandes villes qui, toutes, ont maintenant des groupes de prière : quinze à Ljubljana et une dizaine à Zagreb, dont un de quatre cents personnes. Le RC se développe surtout en Slovénie et en Croatie. Les franciscains de Split organisent des séminaires de vie dans l'Esprit, 4 000 personnes ont assisté à celui de 1988 avec Emiliano Tardif. Pour le père Tomislav Ivancic, chargé par les évêques du lien entre les groupes, le renouveau yougoslave, mis à part un groupe typiquement charismatique, est spécifique. Il s'agit « d'un grand mouvement de renouveau de l'Église plus sobre et plus calme ».

Les évêques yougoslaves sont très favorables à ce mouvement, très investi dans la vie ecclésiale. Dans un document de 1987, ils écrivent que là où ces groupes travaillent dans les paroisses, « ils éveillent beaucoup de spiritualité ». Ils ont beaucoup de liens avec Medjugorje où ils ont d'ailleurs organisé des séminaires charismatiques.

« Certains nous appellent charismatiques, précise Tomislav Ivancic, mais nous ne nous rattachons pas au RC. Chez nous c'est plus calme, sans élévation des mains, sans recherche de charismes spectaculaires, mais avec priorité à l'évangélisation. »

Diverses formes de regroupement

Le groupe de prière

C'est le terreau des charismatiques. Ils s'y retrouvent au moins une fois par semaine pour une prière de louange, d'action de grâces et d'intercession, pour un soutien fraternel et pour recevoir une formation. Le groupe est ouvert aux personnes extérieures et propose à celles qui le désirent un cheminement de préparation à l'effusion de l'Esprit.

Le groupe de prière peut avoir des engagements (évangélisation, liturgie, visite aux malades...) et vivre certaines formes de partage.

La communauté d'alliance (ex. l'Emmanuel en France ou les grandes communautés américaines).

Les membres de ces communautés restent en général insérés dans la société (métier, logement...) mais sont engagés de façon structurelle. Ils se retrouvent en petits groupes (maisonnées) pour la prière, le soutien mutuel; ils suivent des formations communes importantes, versent la dîme, s'engagent dans un ou plusieurs services pris en charge par la communauté. En général, il y a différents degrés d'engagement possible et les plus responsables se retrouvent souvent en maisonnées de vie commune, formant en quelque sorte le cœur de la communauté.

La communauté de vie (ex. Lion de Juda)

Les choix sont plus radicaux et rejoignent les vœux religieux: pauvreté (abandon de tous ses biens et salaires), obéissance, chasteté. Malgré leur souci apostolique, ces communautés sont marquées par la prière contemplative (y compris nocturne). On y est postulant et novice avant de faire des vœux à vie.

En fait, ce sont de nouveaux ordres religieux, avec cette particularité que l'on trouve réunis sous le même toit des hommes et des femmes, des couples et des célibataires, des laïcs, des religieux et des prêtres, des adultes et des enfants. Tout le peuple de Dieu dans sa diversité.

III

Les étapes de l'organisation du RC

Dès le début, les charismatiques ont éprouvé le désir de se rencontrer, pour partager et vérifier, par-delà les frontières, leur bouleversante expérience. A tous les niveaux — région, pays, continent — des congrès, la plupart du temps œcuméniques, se sont organisés, ainsi que des relations et échanges plus structurés. Mais ce sont les années 80 qui marquent le début d'organisations nationales et internationales plus élaborées, du moins en ce qui concerne le RCC (RC catholique), aiguillonné en ce sens par la hiérarchie. Les étapes de constitution de l'ICCRO (l'organisation internationale du RCC) en sont l'illustration.

Du service américain à l'ICCRO

Les «grands frères» américains avec leur longueur d'avance, leur esprit missionnaire, leur volonté de service, leurs techniques et leurs dollars, ont très vite dû répondre à des demandes d'aide, de renseignements, de matériel, de conférenciers, émanant du monde entier. Au début des années 70, le RCC mondial avait un «boss» américain. Cela va s'estomper au fil du temps.

Avec l'installation en Belgique, à l'instigation

du cardinal Suenens, de quelques leaders américains de Word of God, débuta à Bruxelles la première ébauche d'organisation internationale catholique qui prit en 1976 le nom d'ICO. Il s'agissait en fait d'un service assuré et financé par les grandes communautés américaines avec un bureau composé de huit délégués (deux par continent). Une nouvelle étape fut franchie en 1981 avec l'installation de l'organisation à Rome dans un bureau loué au Vatican.

En 1984, deuxième étape d'internationalisation avec changement d'adresse et de sigle: l'ICO devint l'ICCRO et s'installa dans des locaux du palais de la Chancellerie au Vatican. Cette étape coïncida avec une année difficile pour le RCC aux États-Unis, avec pour conséquence le départ de la présidence de l'ICCRO des grands leaders laïcs du début, Ralph Martin et Kevin Ranaghan, et la diminution du financement américain.

Après quelques années de présidence cléricale, l'ICCRO a retrouvé un président laïc avec l'anglais Charles Whitehead, marié et père de quatre enfants. L'administrateur permanent est un prêtre américain, Ken Metz. Parmi les quatorze membres du conseil, qui représentent tous les continents, les laïcs masculins dominent (il n'y a que trois prêtres et deux femmes).

Les buts de l'ICCRO, tels qu'ils sont définis par Ken Metz, sont la promotion du baptême dans l'Esprit, le lien entre les différents «comités de service» nationaux, la publication d'un bulletin de liaison, l'organisation tous les deux ans d'un rassemblement des dirigeants, des services rendus aux pays qui manquent de moyens et de matériel, la tâche de «fomenter une unité sans imposer l'uniformité» et de faire mieux connaître le RC au sein de l'Église.

Les sujets de débat chers à l'ICCRO sont l'usage des charismes, le renouveau au cœur de l'Église, les communautés d'alliance, l'urgence de l'évangélisation, la formation des responsables, l'action sociale, l'œcuménisme.

C'est Mgr Cordès, vice-président du Conseil pontifical pour les laïcs, qui a été chargé à titre personnel par le pape du RCC. Avec lui, l'heure est à la protection du caractère catholique et à la structuration. Les grandes communautés ont été invitées à avoir un statut canonique (association privée ou publique de fidèles) et Mgr Cordès en a même fait la demande à l'ICCRO. Un projet de statut est à l'étude avec un canoniste, mais le cas de figure n'est pas simple parce qu'une association de fidèles exige une instance dirigeante ayant quelque autorité, et des membres enregistrés. Or — Ken Metz l'a expliqué à Mgr Cordès — l'ICCRO n'a pas de liste de membres et n'envisage pas d'exercer un pouvoir juridique quelconque. Le RC n'a jamais été, et ne veut pas être, un mouvement.

Les autres confessions chrétiennes n'ont pas la même problématique avec leurs Églises respectives, ni le même type de structure. Il existe un bureau international pour les anglicans et un autre pour les luthériens, et une sorte de comité de service du renouveau spirituel orthodoxe (il existe dans une quarantaine de pays) nommé SCOSR.

L'organisation au sein des nations

En même temps qu'il se structurait sur le plan international, le RCC s'organisait au plan national. Une cinquantaine de pays ont actuellement un «comité de service national» et un porte-parole (évêque ou comité) chargé de faire le lien avec la hiérarchie. Dans la plupart de ces pays, la majorité des diocèses a un délégué diocésain qui est en général clerc, nommé, membre ou non du RC.

L'histoire de l'organisation nationale du RCC

nord-américain est intéressante. Elle peut se
diviser en trois périodes.

Avant 1975, il existe un comité de service national aux mains des grandes communautés, qui
est aussi, nous l'avons vu, un service international.
Par ailleurs, dès 1969, l'épiscopat avait chargé un
dominicain du Minnesota, le père Killian Mc
Donnel de suivre ce renouveau.

Entre 1975 et 1980, ce sont encore les grandes
communautés qui assurent le service (sept délégués sur dix), mais les premiers délégués diocésains (prêtres et laïcs) sont nommés.

En 1984, les dirigeants des grandes communautés, ayant de plus en plus de mal à être
fédérateurs de l'ensemble, se retirent de la présidence du comité de service, pour laisser la place
à ceux de la tendance «liaison diocésaine», avec
Ken Metz pour président.

Le cas de la France est différent. Suivi dès le
début par une commission d'évêques délégués, le
RCC a longtemps refusé toute organisation, chaque communauté étant jalouse de son autonomie.

Laurent Fabre, fondateur du Chemin neuf,
distingue trois grandes étapes.

Les années 1971-1977 sont des années de liens
et de rassemblements spontanés entre les communautés naissantes. Émerveillement, grand bras-
sage et grands moments d'œcuménisme (le futur
évêque Albert de Monléon prêche au centre protestant de la Porte ouverte). La force de ce que
l'on a vécu ensemble l'emporte alors sur les mé-
fiances réciproques. En 1972 et 1973 tous les leaders se retrouvent à Aix-en-Provence, mais la
proposition de l'un ou de l'autre de s'organiser
nationalement est loin de faire l'unanimité. En
1977, ils se retrouvent encore tous au rassemblement de Lyon.

De 1977 à 1988, les communautés françaises
connaissent une grosse expansion et sont mobili-
sées par leur propre croissance. Un fossé s'est

creusé entre elles et les groupes de prière. Chaque communauté organise ses propres rassemblements, poursuit ses propres visées et produit ses propres revues et services.

L'année 1988 est marquée par deux événements : les groupes de prière acquièrent une reconnaissance officielle avec la réussite de la Pentecôte au Bourget, où ils sont pour la première fois maîtres d'œuvre et organisateurs d'un grand rassemblement national, les communautés n'étant là que pour les aider. En novembre de cette même année, Mgr Duchêne avait mis à l'ordre du jour de la réunion des charismatiques, avec le groupe d'évêques chargés de suivre le RC, la création d'une instance de liaison. Or, deux mois auparavant, lors d'une réunion européenne à Berlin, la délégation française avait justement pris conscience qu'elle était la seule à ne pas avoir d'instance nationale représentative, mais seulement une « boîte aux lettres » assurée par les pères Michel Santier et Emmanuel Payen, et une représentation internationale spontanément prise en charge par la communauté de l'Emmanuel.

Le souhait des évêques rejoignait donc celui de la majorité des charismatiques français, moins une voix, celle de l'Emmanuel. Hervé Marie Catta s'en explique : « Nous sommes pour une instance de concertation souple mais pas pour une instance de représentation et de décision. L'Emmanuel est en soi une réalité qui se représente d'elle-même et est déjà internationale. Nous préférons prendre nos positions et nos options en fonction de notre expérience. »

L'instance de communion française se compose de quatre représentants des communautés (Lion de Juda, Chemin neuf, Pain de Vie et Fondations du monde nouveau), de quatre représentants des groupes de prière (Georgette Blaquière, sœur Hubert Dominique, Pierre et Maryse Pelletier, Guy Noël), deux délégués diocésains (les pères Santier et Millaret), d'un

théologien et d'un groupe d'évêques présidé par
Mgr Meindre.

Lors de sa première réunion, le comité élisait
Laurent Fabre pour représenter la France au
comité européen qui venait juste de se créer.

L'Emmanuel fait donc cavalier seul vis-à-vis
du reste du RCC français, tout en étant en relation
étroite avec plusieurs évêques, et notamment le
cardinal Lustiger qui lui accorde une grande
confiance.

Depuis qu'il est ainsi organisé, le RCC figure
sur l'annuaire du Secrétariat pour l'apostolat des
laïcs.

Organisations communautaires supranationales

Si, comme le dit Hervé Marie Catta, les
communautés françaises sont déjà en elles-mêmes
des organisations internationales, cela reste
modeste à côté de la puissance que représente un
réseau comme Sword of the Spirit. Fondé en
1982, le Glaive de l'Esprit, qui émane de la
communauté Word of God, fédérait une cinquantaine de communautés affiliées ou associées.
Force... et faiblesse car cet ensemble de 20 000
personnes de 70 dénominations sur toute la
planète, gouverné autoritairement, n'a pas résisté
à la crise de Word of God et est en train d'éclater.
Tandis que certaines communautés (Bruxelles,
Beyrouth, Munich, Dublin...) restent autour de
Steve Clark, d'autres adoptent un statut plus
souple d'alliés (Parole de Vie en France, Belfast,
Vienne...), d'autres se coupent en deux comme
Word of God et d'autres quittent le navire.

Il existe une autre confédération mondiale,
l'IBOC, qui est en lien avec l'ICCRO. Née en
réaction à Sword of the Spirit, à l'instigation de
la communauté Emmanuel de Brisbane, l'International Brotherhood Of Communities regroupe

des communautés d'alliance œcuméniques. Les communautés membres de l'IBOC restent autonomes mais ont des liens d'information, de réflexion pastorale, d'échanges d'expériences. Elles tiennent un meeting annuel. C'est aussi à l'instigation de Brian Smith, de l'Emmanuel de Brisbane qu'est née une Association internationale de communautés catholiques, la première de ce genre à être reconnue (novembre 90), association privée de fidèles par le Vatican. Avec mission de «consolider et promouvoir l'expression catholique du mouvement charismatique». Sont membres fondateurs de cette Catholic Fraternity of Covenant Communities and Fellowships, des communautés des États Unis, du Canada, d'Australie, de Nouvelle Zélande, de Malaysia et de France (L'Emmanuel).

Devant tant de structures et d'organisations, le président de l'ICCRO, Charles Whitehead, formule quelques réserves: «Le RC doit rester un courant de force de l'Esprit de Dieu et ne jamais se laisser aller à devenir une structure bureaucratique. L'histoire a trop vu de ces mouvements de l'Esprit qui se sont effrités quand la vision prophétique est morte et que la sur-organisation les a asphyxiés. Si on étouffe l'Esprit, les dons disparaîtront de nouveau [...].» Il ajoute: «Beaucoup d'entre nous sont fatigués. Nous trouvons cela trop dur de progresser dans la foi, aussi nous nous reposons sur les techniques plutôt que sur l'Esprit Saint [...]. Sommes-nous revenus aux sécurités de la structure et des rites?»

IV

Le processus d'intégration à l'Église catholique

Au début méfiante, la hiérarchie catholique ouvre maintenant ses bras au RC, au point que certains parlent de « récupération ».

En fait, il y a eu des nuances dans l'accueil, depuis ceux qui l'ont tout de suite pressenti comme un don pour l'Église, jusqu'à ceux qui le rejettent encore, en passant par ceux qui n'ont eu de cesse de le cléricaliser pour mieux le tenir en laisse !

Cette palette d'attitudes pouvant d'ailleurs coexister chez une même personne.

Rome : le souci de l'identité catholique

En 1975 — événement qui fait date dans l'histoire du RCC —, Paul VI déclara aux dix mille délégués du monde entier rassemblés à Rome : « Le Renouveau est une chance pour l'Église et pour le monde. » Mais, au cardinal Suenens, qui lui avait présenté ce rassemblement, le pape disait : « Je vous demande de vous consacrer à la pleine intégration du mouvement charismatique dans l'Église. »

Le cardinal Suenens essaya toujours d'allier vigilance et liberté, se refusant à faire de ce « courant de grâce » une « institution parallèle ».

Mgr Cordès, nous l'avons vu, a une autre tendance, typiquement romaine, qui consiste à se
méfier de tout ce qui est un peu hors structures.

Des évêques essentiellement pasteurs

La méfiance fut longtemps dominante du côté
des épiscopats. Ainsi, en France, avant le rapport
favorable de Mgr Marcus à l'assemblée plénière
de 1982 qui reconnaissait l'apport positif du RCC
pour l'Église de France, comme «courant de
réveil spirituel qui atteint le peuple de Dieu pour
le renouveler dans sa foi et son dynamisme
missionnaire». Depuis, le corps épiscopal français a évolué. Une bonne dizaine, voire une
vingtaine d'évêques, ont été plus ou moins per-
sonnellement touchés (ils restent discrets sur la
question), et plusieurs se sont entourés d'une
fraternité du Lion de Juda qui est pour eux une
équipe de prière et de vie. L'un des diffuseurs du
RC en France, proche de l'Emmanuel et du Lion
de Juda, Albert de Monléon, est devenu évêque
de Pamiers.

D'après l'ICCRO, «la reconnaissance épiscopale de la validité du renouveau est aujourd'hui
pratiquement totale dans le monde entier». Avec
des accents plus ou moins forts. «Nos évêques
sont tellement charismatiques, dit un membre du
RCC canadien, qu'ils nous donnent toutes les
directives.» Très favorables aussi en Amérique
latine, estime le jésuite Carlos Aldunate. Le
fondateur de Minuto de Dios, le père Garcia
Herreros, n'y est sans doute pas pour rien. Dès
que cet eudiste eut reçu l'effusion de l'Esprit en
1968, persuadé que le RC était une voie royale
pour l'avenir du christianisme, il se fit un devoir
d'en convaincre les Eudistes (qui ont de nombreux séminaires en Amérique latine) et les
évêques de Colombie. «Devant l'ampleur du
problème de l'Église, leur écrivit-il, le fruit que

nous voudrions voir jaillir de vos réunions est celui dont nous parle l'Écriture dans l'Église primitive: une véritable explosion de l'Esprit Saint [...]. Entre vos mains est ce pouvoir formidable de l'Esprit: l'imposition des mains, si elle est faite avec toute la ferveur dont nous parlent les Actes des Apôtres, entraîne irrémédiablement toute une série de dons [...]. »

Le centre charismatique de Minuto de Dios accueille depuis bientôt vingt ans des réunions et des retraites de prêtres et d'évêques. En septembre 1989, ils étaient une centaine à la troisième retraite des évêques d'Amérique latine.

De la reconnaissance, les évêques sont passés à la collaboration, s'appuyant délibérément sur telle ou telle communauté et faisant preuve à son égard d'une grande confiance... ce qui ne les empêche pas d'insister sans cesse sur la formation des responsables et des membres du RC.

Pour le cardinal Lustiger, l'Emmanuel est un fer de lance. Il n'a pas hésité à confier à plusieurs prêtres de la communauté et à une fraternité laïque, la grande paroisse parisienne de la Trinité. C'est aussi à l'Emmanuel qu'a été confiée la charge de chapelains de Paray-le-Monial.

C'est à un prêtre diocésain appartenant au Chemin neuf, Emmanuel Payen, que le cardinal Decourtray a confié Radio Fourvière puis le secrétariat général du synode diocésain. De Dominique Ferry, diacre marié de la même communauté, il a fait son attaché de presse.

Quand il était évêque de Versailles, Mgr Simmoneaux avait conclu avec les Fondations du monde nouveau une collaboration « à profits apostoliques réciproques », disait-il, sous forme d'une branche « communauté de service au diocèse » reprise en compte par son successeur, Mgr Thomas. La CSD met à la disposition du diocèse des permanents dans les aumôneries ou pour des opérations d'évangélisation ponctuelles. Son responsable, Gérard Testard, travaille régulièrement avec les vicaires épiscopaux du diocèse, et, avec la douceur tenace caractéristique des charismatiques, il demande un véritable partenariat. Autre exemple remarquable, l'École de la foi pour jeunes témoins, fondée par les évêques de douze diocèses de l'ouest de la France autour de Michel Santier, prêtre diocésain, fondateur de la communauté Réjouis-Toi. C'est la communauté qui est le lieu pivot de ce projet, mais ce sont bien les diocèses qui en sont maîtres d'œuvre. Il s'agit d'offrir à des jeunes qui désirent donner un an au Christ, une vie de prière, sacramentelle et communautaire, ainsi qu'une formation en lien avec la formation permanente du diocèse de Coutances et payée à 50 % par le diocèse d'origine. Ces jeunes font, à la demande des diocèses, des missions de témoignage dans les écoles, les aumôneries, les lieux de loisir.

L'agacement des prêtres

Au dire de tous, ce sont les prêtres qui ont manifesté le plus de réticences envers le RC.

Certes, il y a des exceptions: cléricalisme italien, tolérance apathique des Suisses, rôle actif des Anglais ou capacité d'évolution des Belges.

Mais, un peu partout, on entend encore les évêques déplorer que les prêtres n'accompagnent pas d'avantage les charismatiques, les laissant parfois aller chercher un soutien spirituel dans d'autres Églises.

Au Zaïre, on demande à tous les curés de paroisse de veiller sur le RC, pour éviter les abus de pouvoir de certains bergers, et de les former théologiquement pour faire face au syncrétisme ambiant.

Sur ce point, les responsables charismatiques les plus conscients sont de l'avis des évêques. « On manque de conseillers spirituels », déplorent le père Jean Simonart, délégué du RC francophone en Belgique, ou Georgette Blaquière en France.

Un apport positif

Mais même les plus réticents sont bien obligés de reconnaître l'apport des charismatiques dans les paroisses et dans tous les services d'Église.

« Le RC ne produit pas une catégorie particulière de chrétiens, il fait des meilleurs catholiques, mieux équipés à être partie prenante de l'Église », estime Ken Metz, qui a une vision générale des fruits du RC de par le monde.

Aux yeux de l'archevêque de Pimentel (République dominicaine), le RC a été une véritable source de revitalisation. Des laïcs sont devenus catéchistes, prédicateurs, se sont impliqués dans le service des pauvres, dans des coopératives, dans l'alphabétisation, l'aide aux prostituées, aux alcooliques, aux drogués.

En Écosse, l'évêque de Galloway constate que le RC a été une grande grâce, apportant un renouveau personnel à des milliers de personnes, les ouvrant à un nouvel amour de l'Écriture, de la prière, de la communauté, et qu'il a incité toute l'Église à être attentive aux signes de renouveau.

En Suisse, on constate les fruits suivants : renouvellement de la grâce de chacun dans son état de vie (religieux, prêtre ou marié), reprise du chemin de l'Église et désir d'obéir à la hiérarchie, naissance de groupes où l'on vit l'amour et le partage, et desquels on peut dire : « Voyez comme ils s'aiment », etc.

Les évêques d'Amérique latine énumèrent une quinzaine de bons fruits du RC dans leurs diocèses : découverte de la personne de Jésus, goût de la prière, efforts constants de conversion, changement des cœurs de pierre en cœurs de chair, guérison des relations interpersonnelles, ferveur liturgique et sacramentelle, désir d'évangéliser et naissance d'une floraison de vocations (avril 1988).

Et puis, en temps de pénurie, les charismatiques donnent des prêtres et des diacres. Dans certains pays, dit Ken Metz, 50 % des diacres sont issus du RC. Il y a trente prêtres en formation au Lion de Juda et quatre-vingts à l'Emmanuel... qui en a déjà donné cinquante ! Après dix ans d'évangélisation charismatique à Pimentel, le nombre des séminaristes est passé de quarante à quatrecents !

A côté du positif, il y a cependant des points d'attention que les responsables du RC ne sont pas les derniers à souligner. Ken Metz formule quelques inquiétudes devant la tendance de certains charismatiques, déçus par la lenteur d'évolution de l'Église, à s'en retirer. Il s'inquiète aussi de ce que d'autres soient toujours à l'affût des dernières manifestations charismatiques extraordinaires, ou accordent plus d'importance aux sentiments qu'à la raison. Effectivement, certaines réunions de prière favorisent l'excitation fusionnelle et peuvent être dangereuses pour les moins solides.

Un jésuite irlandais charismatique, le père O'Donnell, se dit pour sa part inquiet des « récents développements qui indiquent l'évidence d'une mariologie malsaine qui pourrait avec le temps amener le RC a s'éloigner de son vrai rôle dans l'Église ».

Le cardinal Suenens, dans un livre récent, met en garde contre le « repos dans l'Esprit » (imposition des mains qui fait tomber les gens à terre). Bernard Housset, délégué de l'épiscopat français auprès des mouvements de laïcs, regrette que le RC donne encore trop souvent l'impression de vouloir réinventer tous les aspects de la vie de l'Église.

La propension des charismatiques à penser que rien de bon n'existait avant eux, et qu'ils possèdent la vérité, a rebuté bien des vieux routiers de la pastorale.

Il faudrait enfin ajouter le danger de sectarisation, bien qu'il diminue. J'en ai analysé le processus avec le cas de la communauté de la Sainte-Croix dans un autre ouvrage.

Un renouveau pour toute l'Église

Des voix de plus en plus nombreuses s'accordent pour dire que le RC a été donné par l'Esprit non pas pour un groupe, mais bien pour renouveler l'Église entière. Ce fut l'intention du cardinal Suenens dès le début. En Suisse alémanique on ne parle plus de RC, mais de «Renouveau par l'Esprit de Dieu» pour toute l'Église. Lors d'une retraite charismatique pour les prêtres en Belgique (une centaine y participent chaque année), le célèbre charismatique québecois Mgr Mathieu, impressionné par la personnalité du cardinal Danneels et par la soif de spirituel qu'il avait sentie dans ce pays, lança un appel à la Belgique pour qu'elle fasse passer le Concile et les différents renouveaux spirituels dans l'institution. La Belgique, dit-il, pouvait être un signé prophétique d'un renouveau mystique et communautaire pénétrant dans toute l'Église. Le père Jean Simonart avoue: «Nous avons discerné et pensons que nous sommes vraiment interpellés par cette prophétie.»

Fin 1988, les évêques hollandais manifestaient publiquement leur désir de voir tous les croyants s'ouvrir à la réalité du RC qui, à leurs yeux, traduit bien ce que doit être l'Église en marche, renouvelée par l'Esprit. «L'intégration des charismes dans la communauté est une question permanente pour l'entière communauté des croyants.»

Aux États-Unis, le centre de formation Charism offre au diocèse de Long Island une formation théologique et spirituelle aux ministères. On estime que le succès de cette formation, reconnue par le bureau diocésain de catéchèse, repose sur l'intégration de l'expérience charismatique à la tradition catholique.

Richesses et dangers de l'institution-nalisation

L'intégration institutionnelle a appris aux charismatiques à reconnaître d'autres façons d'être chrétien et les exigences de l'incarnation. Par contre, elle comporte le risque de tuer les charismes. En effet, constate un bulletin de l'ICCRO de mars 1989, les charismes déclinent et le RC disparaît dans certains groupes parce que les gens, dans leur désir de se faire accepter par les autres et par la hiérarchie, ont pratiqué une «domestication des dons de l'Esprit».

Georgette Blaquière, connue pour sa mesure et son esprit ecclésial, s'inquiète: «Sous prétexte d'humilité, le RC ne doit pas se châtrer. Si les charismes diminuent quand les gens s'engagent, cela ne va pas. Si on perd les charismes, on perd l'essentiel.»

Peter Hocken, catholique, grand visionnaire œcuménique, déplore la subordination de la grâce de l'Esprit Saint aux structures et aux politiques préexistantes des Églises. Une trop grande intégration du RC, pense-t-il, peut même être une déviation. A l'ICCRO, on est moins audacieux et l'on reconnaît, comme l'affirme l'exhortation *Christi fideles laïci* de Jean-Paul II, que les charismes peuvent semer le trouble. «Pour cette raison, il n'est pas de charisme qui puisse dispenser une personne de rester pleinement fidèle et soumise aux pasteurs de l'Église.» On regrette cependant que la plupart des prêtres n'aient pas été préparés à ce type de discernement. (Bulletin de mars 1989.)

Le RC au synode sur les laïcs

L'intégration ecclésiale des *movimenti* (nouveaux mouvements et communautés) fut un des thèmes majeurs du synode sur les laïcs en 1987 à Rome. Les pères soulignèrent leur apport positif, mais ils ne cachèrent pas leur inquiétude de ne pas pouvoir les maîtriser. «Revendiquer un charisme, disait l'un d'eux, c'est revendiquer de pouvoir se soustraire à la juridiction de l'évêque.» Le cardinal Martini, archevêque de Milan, fervent partisan de l'Action catholique, demanda que l'on accueille les nouveaux mouvements avec discernement et qu'on les accompagne «en vue d'une insertion cordiale et organique dans l'ensemble des activités de l'Église».

Ce synode fut également sous-tendu par les rivalités entre la tendance Action catholique et la tendance *movimenti*, un certain nombre d'évêques soupçonnant Rome de trop favoriser ces derniers, dont plusieurs fondateurs étaient invités spéciaux du pape.

Le message final du synode se voulut conciliateur. On lit au paragraphe 5, intitulé «La force de l'Esprit»: «Notre reconnaissance va à l'Action catholique dont les fruits ont été nombreux dans certains pays et qui connaît une nouvelle floraison [...]. L'Esprit répond aux nouveaux défis en suscitant de nouveaux mouvements qui contribuent à leur manière à la joie et à l'espérance de l'Église universelle. Leur intégration harmonieuse dans l'Église locale, en vue de son édification dans la charité avec ses pasteurs, constitue un des critères de son authenticité.»

Dans les propositions finales du synode, on retrouve le souci du discernement, de l'intégration à l'Église et des statuts canoniques. La proposition 14 stipule que les nouveaux mouvements doivent se développer en lien avec l'évêque, l'obéissance aux pasteurs étant un des critères d'ecclésialité.

Les Jésuites dans le RC

Les Jésuites ont été présents dès les débuts du RC, veillant à un bon équilibre entre institution-nalisation et fidélité aux charismes. A Saint-Pierre de Rome en 1975, ils se retrouvèrent une quinzaine parmi les membres du RC présentés à Paul VI ; à la Pentecôte 1982 à Strasbourg, ils étaient quatre-vingts qui décidèrent de former un comité européen de liaison. En 1987, ils étaient quarante à être reçus à Rome par le père Kolvenbach, qui les entretint pendant quarante minutes sur ce que le RC pouvait apporter à la Compagnie de Jésus. Effectivement, les Jésuites, touchés par le RC dans le monde entier, ont été renouvelés dans le charisme de leur fondateur et ils ont mis ce charisme au service du RC avec un rare bonheur.

Les retraites charismatiques, structurées par les *Exercices* (on pourrait dire aussi les *Exercices* avec apport charismatique), sont un instrument très adapté à la formation des responsables et des membres du RC... et au renouvellement du charisme des jésuites à qui on les propose.

Dans la revue des jésuites charismatiques *Mirabilia*, le cardinal Suenens écrivait : « Je crois que le charisme ignatien de discernement est une grâce à mettre en œuvre pour le plus grand bien du RC qui a besoin de guides qualifiés. »

Certains disent que c'est Paul VI qui souffla au cardinal Suenens l'idée d'impliquer les Jésuites comme guides des charismatiques. Alors, présence spontanée ou surveillance plani-fiée ? Les deux peut-être.

V

Le Renouveau charismatique dans les paroisses

La paroisse, lieu de tous sans exclusive, est un terrain privilégié pour tester l'aptitude d'intégration ecclésiale du RC.

Nous allons voir que l'on trouve tous les cas de figure, depuis le rejet jusqu'à la transformation radicale, en passant par la diffusion discrète et édulcorée des charismes. La revue *Tychique* a consacré, début 1990, deux numéros passionnants à la question.

Résistances

On peut notamment y lire le récit de ce qui arriva à un curé de Vienne en Autriche. Sous le coup de l'effusion de l'Esprit, il proposa à ses paroissiens force séminaires et semaines d'introduction à la vie dans l'Esprit. Il y eut un démarrage explosif, mais, douze ans après, notre curé fait un bilan mitigé. « La paroisse, dit-il, fait ressortir sans pitié les faiblesses du Renouveau : ses exigences d'absolu et son orgueil, sa résistance à se laisser interpeller, sa pleine assurance en sa seule expérience [...]. Les commencements sont faciles, mais il faut durer pendant des années à l'abri des rêves pieux, des enthousiasmes, des simplismes et des exagérations [...].

On rencontre un secret incontournable : la Croix. »

Que de charismatiques ont ainsi débarqué un jour dans une paroisse, avec l'intention de tout changer et la certitude que personne ne résisterait au feu de l'Esprit... et sont tombés sur un os !

Kurt Maeder, pasteur charismatique de l'Église luthérienne d'Alsace, estime pour sa part que la paroisse est devenue un terrain si résistant au changement que tout renouvellement est « un vrai combat spirituel parfois long et épuisant ».

Son confrère réformé, Alain Schvartz, l'un des pionniers du RC français, a carrément opté pour la discrétion, estimant qu'il ne devait pas faire de sa paroisse une paroisse charismatique, car il fallait respecter son histoire et l'éventail des sensibilités.

Imprégnation discrète

En général, les charismatiques s'investissent généreusement et discrètement dans leur paroisse... avec des résultats variables. L'estimation comporte aussi un aspect subjectif. Ainsi, deux observateurs de ce qui se passe aux États-Unis arrivent à des conclusions différentes.

Pour l'Américain Kevin Perrotta, directeur de *Pastoral Renewal*, revue charismatique de formation pour les responsables d'Église, rares sont les paroisses où le RC ait opéré une réelle transformation, en dépit de son investissement.

Au contraire, le Français Alain Toledano fut frappé, lors d'un récent voyage aux États-Unis, par la diffusion discrète mais réelle de l'esprit du Renouveau dans les paroisses : accent mis sur la formation des personnes, paroissiens qui cherchent à discerner l'appel du Seigneur avant de s'engager, souci d'identité communautaire, instauration de la dîme pour rémunérer des permanents laïcs. Il ajoute que le mérite ne doit pas être attribué au seul RC, mais aussi aux *cursillos*.

En France, une imprégnation discrète, mais efficace et pleine de fruits, a été faite dans une paroisse de Dijon où, depuis une quinzaine d'années, le père Bourland a insufflé l'esprit de prière, de communauté, de discernement des charismes pour l'appel aux ministères...

Autre cas de figure à la paroisse parisienne de La Trinité, officiellement confiée à une fraternité de l'Emmanuel, et à propos de laquelle les avis sont partagés. Il est vrai que, comme le dit une militante d'Action catholique, la paroisse n'a jamais été aussi vivante et aussi missionnaire. Mais les confrères des paroisses voisines ou les anciens responsables de l'aumônerie du lycée du quartier ne supportent pas la piété rétro et les certitudes bétonnées de l'Emmanuel.

Il sera intéressant de suivre la paroisse d'Épinay-sous-Sénart, récemment confiée au Chemin neuf, et de voir si la Franciscan School of Evangelisation, qui a proposé à l'évêque de Detroit de relever le défi de fermeture d'une vingtaine de paroisses de la ville pour non-rentabilité, réussira son pari.

Comme les missions d'autrefois

Un autre mode d'intervention du RC semble se développer dans les paroisses : la mission, à la manière d'autrefois. Certains évêques, comme le cardinal Danneels à Bruxelles, ou Mgr Gilson, ont compris qu'ils pouvaient utiliser le souffle missionnaire du RC. L'évêque du Mans a donné à un prêtre du RC de son diocèse un mi-temps avec un groupe charismatique, pour aller faire des missions dans les paroisses qui le demandent.

Le Lion de Juda, le Chemin neuf proposent également des missions dans les paroisses.

Une branche des Fondations du monde nouveau — Nouvelles Communautés chrétiennes — organise, avec l'accord de l'évêque de Versailles, des semaines de prière et de formation à l'issue desquelles on propose aux paroissiens de se constituer en petits groupes qu'ils appellent «discipolats».

En Irlande, la communauté œcuménique Christian Renewal Center fait des missions en paroisse depuis quinze ans.

Des paroisses charismatiques

Mais il y a aussi des exemples de paroisses littéralement et visiblement transformées par le RC. Kevin Perrotta lui-même en a dénombré plus de cent dans l'Église catholique américaine.

«Aimeriez-vous voir votre paroisse prendre vie dans le souffle de l'Esprit?», demande un tract fait par la fraternité des prêtres de l'université de Steubenville. Si oui, sachez que «les prêtres sont la clef», quand ils sont remplis de l'Esprit, les paroissiens ne résistent pas.

C'est, en plus nuancé, l'avis de Kurt Maeder pour qui la première condition pour le renouveau d'une paroisse est l'existence d'un berger, d'un meneur d'hommes qui imprime une direction spirituelle à la paroisse tout en étant, à l'image de Jésus, lui-même dépendant du Père. Ainsi à Ste. Mary à Ottawa, à l'arrivée du père Bédard, il n'y avait que vingt-cinq personnes à la messe. Pendant deux ans, il ne fit que prêcher l'abandon au Seigneur, car il avait eu cette vision de toute la paroisse abandonnée à Dieu. Aujourd'hui, son église est comble et les paroissiens y exercent une quarantaine de ministères. En arrivant dans le district de Mahadistra (vingt-trois paroisses) à Madagascar, le jésuite Christian Soudée organisa des retraites charismatiques de trois jours. Quelques années plus tard, les fruits sont évidents: augmentation de la pratique, reprise des vocations et demandes accrues du sacrement de mariage.

La paroisse de St. Alphonse de Langdon (États-Unis) fut littéralement enflammée par la prédication de sœur Linda Koontz. Aujourd'hui, le conseil pastoral commence ses réunions par une heure d'adoration et a pris de nombreux engagements comme l'aide matérielle et spirituelle des agriculteurs en difficulté économique.

D'autres paroisses ont été créées de toutes pièces : celle du père Lafrance à la Nouvelle-Orléans ou celle du père Nolan à Minneapolis. On y vient de 50 km à la ronde tant est attirante la pastorale des charismes (y compris de guérison) qui s'y exerce.

Le phénomène de St. Boniface

Une de ces réussites, à l'américaine, vaut d'être contée.

Quand le père Mike Eivers fut nommé en 1975 à la paroisse St. Boniface, à Pembroke en Floride, il souhaitait que l'Esprit change sa paroisse comme il avait changé son cœur. Mais, malgré des séminaires de formation, des groupes de prière, l'effusion de l'Esprit pour 1 500 paroissiens, il ne se passait pas grand-chose.

Trois ans plus tard, participant avec son diacre, Perry Vitale, à un séminaire sur les communautés ecclésiales de base en Amérique latine, il eut une illumination : pourquoi ne pas mettre sa paroisse en petites communautés ? Son intuition fut confortée par une idée venue de Séoul où le pasteur évangélique Yonggi Cho avait formé 27 000 cellules (50 000 aujourd'hui) dans sa paroisse ! L'idée de ce pasteur avait fait des émules à deux pas de chez Mike Eivers, à l'assemblée du Calvaire de l'Église de Dieu à Orlando, et à Garden Grove Community Church en Californie où il y avait 1 000 cellules.

En 1983, s'inspirant de ces expériences, le curé et le diacre mirent sur pied un programme

intensif de formation de responsables, et un an
plus tard une quarantaine de cellules étaient
formées. Le père Eivers et Perry Vitale allèrent
tout de même à Séoul pour une session à laquelle
assistaient 350 responsables de paroisse venus du
monde entier. Au retour, ils concluaient que,
« même si la théologie était en partie inacceptable
pour nous », la formule était adaptable. Ils reve-
naient également persuadés que la réussite suppo-
sait : 1. l'engagement des pasteurs à 100 %, car il
ne s'agissait pas d'un « programme », mais d'une
manière de vivre ; 2. la formation des responsables
(fondée sur les traditions spirituelles, Vatican II,
Evangelii nuntiandi...) ; 3. la priorité donnée à
l'évangélisation. La première tâche de la cellule
est en effet celle d'évangéliser son entourage en
appliquant une méthode appelée la *bomba*. On fait
la liste des personnes avec qui on est en relation.
On prie pour chacune de ces personnes et l'on fait
un effort d'attention à leur égard afin de saisir le
moment propice pour leur annoncer Jésus Christ.
Ensuite, il faudra discerner si ces personnes sont
appelées à entrer dans la cellule et à y cheminer
vers l'effusion de l'Esprit.

Au fur et à mesure que les cellules grandissent,
elles se séparent en deux, comme des cellules
biologiques. Mike Eivers s'est fixé le but d'attein-
dre les 600 familles catholiques non rejointes, et
les 800 non catholiques de son territoire parois-
sial. Il faut donc que la voix de l'Église se fasse
entendre dans les drugstores, les salons de beauté,
les bowlings, en faisant du porte à porte...

Aujourd'hui, la moitié des paroissiens de St.
Boniface a reçu l'effusion de l'Esprit et le tiers
(soit 500) se retrouve en quarante-trois cellules de
quartier ou spécialisées (veuves, célibataires,
jeunes, retraités, chômeurs, nurses...). Chaque
cellule se réunit quatre-vingt-dix minutes par
semaine avec un programme précis (chants,
prière, discussion, enseignement, vidéo du P.
Eivers, intercession). Les membres des cellules

font une heure d'adoration par semaine, donnent une partie de leurs revenus et s'engagent dans l'un des soixante-sept ministères proposés.

Depuis 1987, la paroisse St. Boniface organise des sessions pour diffuser sa «méthode». On y vient du monde entier. L'expérience, relayée en Europe par la paroisse St. Eustorgio de Milan (qui organise son deuxième séminaire européen en juin 91) commence à se répandre en Europe. Mais le «système des cellules paroissiales» ne manque pas de provoquer des remous quand il est brutalement imposé par un prêtre ou une équipe qui pensent avoir trouvé «la» méthode infaillible ! Si l'on en croit le père Eivers, nous sommes à l'aube d'une nouvelle vague d'évangélisation par les paroisses, grâce à la redécouverte des Églises domestiques des Actes. «Quel que soit leur nom, dit-il, communautés de base d'Amérique du Sud, petites communautés chrétiennes d'Afrique, cellules de Corée, c'est la même réalité. Ce sont des portes d'accès à l'Église pour beaucoup de gens qui n'ont jamais pu ou su y entrer.»

VI

Avec les pauvres et les marginaux

« Le RC est une affaire de bourgeois », entend-on parfois. Erreur !

Le pasteur Marcel Dietler, lors du congrès de Berne en juillet 1990, rappelait que le RC était « un cadeau des Noirs à la communauté chrétienne » et que, depuis ses débuts, « la chrétienté s'était renouvelée à travers les pauvres ».

Cela reste vrai, même si un certain nombre de charismatiques connus sont issus des classes aisées et des milieux d'affaires.

On entend aussi d'ailleurs le jugement opposé : « Les groupes de prière sont un ramassis de paumés, de veuves, de déséquilibrés, de handicapés... »

Le pauvre, visage du Christ

Effectivement, les communautés et les groupes charismatiques attirent les pauvres et les paumés comme le miel attire les mouches, car ils sentent instinctivement qu'ils y seront accueillis comme des personnes à part entière et aimés inconditionnellement. Le pauvre est, pour les charismatiques, le visage du Christ. Cela s'enracine dans une profonde tradition biblique et spirituelle, la même qui inspire un Jean Vanier débordant de tendresse pour les handicapés, une Mère Teresa dévouée aux mourants ou un Père Joseph qui consacra sa vie aux personnes du quart monde.

On est bien content de trouver les charismatiques pour leur confier un hôpital gériatrique à Lyon (Chemin neuf), ou un centre d'accompagnement des malades du sida à Paris (Emmanuel), ou encore une paroisse dans un quartier immigré, où l'on vend de la drogue jusque sur le parvis de l'église (Pain de Vie).

Les prisonniers ont toute l'attention des charismatiques et des pentecôtistes, notamment dans le mouvement international et œcuménique Prison Fellowship, auquel le Bon Larron français vient de s'affilier avec le père Aubry, et qui a été lancé en Pologne au cours d'une rencontre de quatre-vingts prêtres.

Dans les paroisses, les charismatiques sont les premiers à aller voir les malades, à consoler la veuve et à écouter les jérémiades sans fin du dépressif. Dans les communautés ils sont d'une créativité étonnante pour accueillir et aider toxicos, sortis de prison, alcooliques ou routards...

En Floride la communauté Our Lady's of Divine Providence a créé un accueil et une aide (thérapie et réinsertion) pour les familles qui ont des problèmes d'alcool et de drogue, un ministère auprès des mourants, un service pour les familles ayant un enfant handicapé...

En Suède le groupe œcuménique (luthériens, catholiques, pentecôtistes, baptistes, Églises d'Alliance) constitué vers les années 70 à Danderyd Täby compte cinquante groupes de prière tous plus ou moins engagés dans les soins de santé, la création d'un fonds pour les catastrophes, la construction d'un centre de désintoxication pour les alcooliques, l'aide juridique, morale et financière pour les réfugiés...

En 1983 démarrait un centre charismatique hispanique dans le Bronx, à New York. A Fortaleza, au Brésil, une petite église charismatique dans le centre-ville est un lieu d'accueil pour les drogués des bidonvilles.

Aux Philippines, les Fondations du monde nouveau sont engagées pour la promotion des 25 000 personnes qui « travaillent » à Smoky Mountain, la décharge d'ordures de Manille.

Au Cameroun, une fraternité du Pain de Vie a installé un dispensaire de quartier et travaille à l'amélioration des conditions à la prison centrale de Ngaoundéré où elle soutient un groupe de prière de 50 détenus.

Au Pain de Vie, le pauvre est d'ailleurs le compagnon permanent, et l'enfouissement est l'un des traits spirituels de la communauté. Il faut voir les familles avec enfants partager le gîte et le couvert du clochard toujours en quête de son litron, du drogué en crise de manque ou du sorti de prison qui peut vous planter le couteau de cuisine entre les deux omoplates... en gardant sourire, paix et avec un amour qui sait ne pas être exempt de fermeté !

Enfouissement du Pain de Vie au cœur d'Alger dans une ancienne maison des Petites Sœurs de Jésus, à la demande du cardinal Duval, ou au Pérou, à la demande de l'évêque d'Ayaviri, dans le diocèse le plus haut du monde. Ils vivent là, au cœur de la forêt vierge inhospitalière, chez les Quechuas descendants des Incas chassés de leurs terres par les riches propriétaires terriens, organisés en communautés paysannes comme leurs ancêtres et minés par les épidémies, la hausse des prix et l'influence des sectes.

Sauvegarder les valeurs de base de l'humanité

Lorsque quatre cents jeunes se retrouvèrent à Rome en 1985 pour la première consultation internationale de la jeunesse, ils s'engagèrent

solennellement à vivre selon les Béatitudes et à
«consacrer leurs forces concrètement au service
des pauvres de tous ordres», et à demeurer
ouverts «au charisme que l'Esprit Saint distribue
pour le développement intégral de l'homme». Ils
s'engagèrent aussi à «être ouvriers de la civilisa-
tion de l'amour en luttant pour le respect de la vie,
pour la famille, pour la dignité humaine, pour la
promotion de tous les hommes et de tout
l'homme».

En effet, pour les charismatiques l'une des
grandes pauvretés de l'homme moderne — et en
cela ils rejoignent Jean-Paul II — est son désarroi
moral et spirituel. Le RC est donc présent dans
la défense de la famille, de l'amour, de la vie.

Quelques-uns le font à la manière fondamentaliste avec une intolérance notoire qui peut même
dégénérer en violence verbale et psychologique,
voire physique. Ainsi quelques communautés
membres de Sword of the Spirit participent aux
opérations *Rescue* qui consistent à bloquer l'en-
trée des cliniques américaines pratiquant l'avortement. Mais il s'agit d'un cas limite, et le même
type d'opération sauvetage, introduit en France
par des évangéliques, n'a pas les faveurs de la
communauté du Lion de Juda, qui pourtant
milite aussi contre l'avortement. En effet, à Mère
de Miséricorde on respecte la personne. On ne
dissuade pas par la violence psychologique, mais
en montrant le prix de la vie. Une chaîne de prière
et de jeûne se met en route, discrètement, lorsqu'une femme hésite à garder son bébé, et des
familles accueillent les futures mères en détresse.

En Australie, la communauté Disciples de
Jésus a ouvert près de Sydney la Maison Beth-
leem, où les femmes peuvent vivre leur grossesse
accueillies et accompagnées par une équipe de
jeunes femmes engagées pour un an.

Aux États-Unis, le projet *Rachel* invite les
diocèses à accompagner les femmes qui ont avorté.

Le développement intégral de l'homme

Nul ne peut contester l'ampleur des engagements caritatifs et sociaux des charismatiques. Par contre on leur reproche d'ignorer la dimension politique. Ce qui est exact... bien que certaines de leurs réalisations montrent que la charité est parfois susceptible de bouleverser les structures !

Au Mexique, près de la ville frontière d'El Paso, El Rancho del Senor, fondé en 1974 par le père Richard, n'était qu'un désert de deux cents hectares avant de devenir un domaine agricole florissant. Là, des centaines de pauvres, Indiens et métis, ont trouvé du travail et s'y sont refait une vie. La liturgie y est bien inculturée, on y prie au son des mariachis.

Les récoltes du Ranch du Seigneur fournissent la banque alimentaire de Juarez, autre ville frontière, d'un million d'habitants, qui n'était qu'un immense dépôt d'ordures. C'est là, au milieu des éboueurs, que naquit en 1975 la communauté Saint-Jean. Les éboueurs charismatiques sont sortis de leur passivité. Ils ont constitué une coopérative de reconstruction et élaboré des plans d'amélioration de la santé. Ils ont créé un centre de formation pédagogique, sociale et d'orientation professionnelle pour les 50 000 ouvrières de Juarez qui travaillent dans de grandes compagnies américaines frontalières. Ils ont également créé un service d'éducation populaire et d'alphabétisation, et un centre d'éducation de base pour les neuf-quatorze ans. En quelques années, les éboueurs du bidonville sont devenus les artisans de leur promotion... et de fervents chrétiens.

Cette réalisation rappelle celle de Minuto de Dios ou celle de God's Little Children qui mettent en œuvre une dimension que l'on retrouve dans de nombreuses communautés charismatiques dans les pays en voie de développement : le développement humain intégral.

Des agents de la CIA ?

Des réalités de ce type ne sont pas tellement éloignées du travail de conscientisation des communautés ecclésiales de base du Brésil par exemple. Alors pourquoi le RC continue-t-il à être suspecté par les partisans de la théologie de la libération, et pourquoi certains croient-ils que les charismatiques du tiers monde sont au service de la CIA ?

Le théologien évangélique Peter Wagner, revenant du Brésil, confiait son étonnement : « Dans les CEB (communautés ecclésiales de base), on dit que les charismatiques anesthésient le peuple quant aux solutions politiques. »

Ces jugements rapides ne sont pas sans fondement, mais ils demandent à être nuancés. Rappelons d'abord que l'on trouve de tout dans le RC, depuis les gros bras priants, qui se croient investis d'une mission de sauvegarde de l'intégrité du dogme et de la morale... jusqu'aux militants du développement, en passant par la brave petite grand-mère qui consacre tous ses après-midi à accompagner des mourants sans se poser d'autres questions. Il y a l'Américain Bobby Cavnar, lancé à fond dans l'évangélisation par la télévision, qui veut sauver l'Amérique latine du communisme (et de la théologie de la libération)... et le Français Pascal Pingault qui réplique que ce type d'évangélisation n'est qu'un colonialisme culturel déguisé, les riches imposant leur culture, sans jamais donner la parole à la base. Pascal Pingault préférerait que cet argent serve à acheter des radios pour faire de l'alphabétisation chez les Quechuas ! « Notre option préférentielle pour les pauvres, dit-il, c'est de travailler pour que leurs terres ancestrales soient rendues à ces Indiens. »

Il y a en Afrique du Sud, parfois dans les mêmes églises, des évangéliques et des pentecôtistes blancs qui militent dans les ghettos noirs et se font taxer de communistes, et d'autres qui sont complices de l'apartheid !

Mais, même si l'on trouve de tout chez les charismatiques, il est vrai que le terrain politique n'est pas, *a priori*, leur tasse de thé, et qu'ils semblent plutôt flirter avec l'ordre établi. Cela s'explique par au moins trois raisons : le contexte fondamentaliste dans lequel évolue le RC dans certains pays, le type même de l'engagement charismatique, et enfin le facteur temps dans l'évolution des charismatiques.

Nous allons développer ces trois points plus en détail.

Le contexte fondamentaliste et évangélique

La voix des charismatiques, surtout aux États-Unis et en Amérique latine, se situe dans un concert de voix où celle des télévangélistes fondamentalistes qui prêchent la soumission à l'ordre établi est plus forte que celle des petites communautés engagées dans le développement. De plus, le succès des méthodes fondamentalistes entraîne parfois les charismatiques à livrer bataille sur le même terrain. Quand on sait que les magnats de l'Église électronique sont largement financés par des catholiques, on comprend que des charismatiques catholiques veuillent réagir avec les mêmes armes... et avec les risques que cela comporte, à la fois d'une affirmation presque caricaturale de l'identité catholique et d'une dilution simpliste du message. Ils apparaissent alors, selon le mot du théologien chilien Richard, comme « de nouveaux *conquistadores* qui n'arrivent plus en caravelles mais par satellites et par câble ».

L'environnement fondamentaliste n'est pas seulement théologique et audiovisuel, il est aussi stratégique et politique.

Dans les années 1969-1970, le fameux rapport Rockefeller affirmait que l'Église catholique était infiltrée par des marxistes, qu'elle ne pouvait donc plus être considérée comme l'alliée des États-Unis. En conséquence, il prônait son affaiblissement par une aide à l'expansion des sectes fondamentalistes. Dès lors, comment s'étonner que le président Somoza les ait financées et ait encouragé leur objectif de toucher 50 % de la population du Nicaragua ! Les sectes, disait-il, ne s'élèvent pas contre les injustices, alors que l'Église catholique ne perd pas une occasion de les dénoncer.

De plus en plus, sur tout le continent américain, les évangéliques influencent les élections, à commencer par les États-Unis. C'est un fondamentaliste célèbre, Jerry Falwell (fondateur de l'ex-Moral Majority), qui contribua à faire élire Ronald Reagan, délogeant de la Maison Blanche le *born again* Jimmy Carter. Pat Robertson, fondateur de la Christian Broadcasting Network, et Jesse Jackson, parrainé par la Convention baptiste, furent aussi des candidats — malheureux — à la Maison Blanche. L'épiscopalien Georges Bush fréquente volontiers Billy Graham et Jerry Falwell.

Certains évangéliques au pouvoir sont nettement fondamentalistes et sectaires. C'est le cas du président Jorge Serrano au Guatemala, coreligionnaire — dans l'Église du Verbe (filiale de Godspell Outreach, basé en Californie — du sinistre dictateur Rios Montt. D'autres vont dans le sens des nouveaux évangéliques sociaux et libéraux.

Au Pérou, la campagne efficace d'une Église évangélique, dans les bidonvilles de Lima, a pesé dans la balance du succès présidentiel d'Alberto Fujimori et de son programme simpliste : « Honnêteté, travail, technologie. » Le second vice-président péruvien est un pasteur, ancien président du conseil national évangélique, et onze élus ont créé une «cellule parlementaire évangélique ».

Au Salvador, le gouvernement du président Cristiani (catholique) compte plusieurs leaders évangéliques parmi lesquels le ministre de l'agriculture, Jorge Martinez, ancien pasteur d'une Église qu'il a fondée après sa conversion. Il explique à l'agence NNI que le développement des Églises évangéliques dans ce pays (passées de 5 % de la population en 1979 à 23 % en 1990), est dû au fait qu'elles ont puissamment soutenu les Salvadoriens pendant les années de violence. Les Églises établies ayant souvent pactisé avec les forces en présence, les gens du peuple se sont précipités dans les bras de celles qui semblaient libres de toute compromission. Et sans nul doute certaines l'étaient et le sont. D'après Jorge Martinez, les Églises évangéliques ont fait beaucoup pour éviter la débâcle, aidant la population sur un plan social (lutte contre la drogue, l'alcoolisme) et prêchant le respect des lois et l'amour des autres.

Ces évangéliques sociaux, qui instaurent une sorte de droite populiste et sociale, font certes un travail important qui explique leur succès auprès des pauvres. Ce qui se passe là n'est-il pas du même ordre, toutes proportions gardées, que ce qui s'est passé en Algérie avec le succès du FIS qui, dans la débâcle économique, a su montrer son efficacité dans le soutien fraternel des plus démunis ? Le corollaire peut évidemment être une certaine démobilisation politique.

Aux Philippines, la Ligue biblique évangélique (qui a ouvert 253 cellules et 23 églises dans les bidonvilles de Manille en 1989) est l'ennemie n° 1 du NPA (Nouvelle Armée du peuple, guérilla communiste), car, dit un observateur, « quand les Philippins se convertissent au Christ, ils n'écoutent plus la propagande NPA ».

Une action de type prophétique

Une autre raison qui explique les tendances

conservatrices des charismatiques, est le fait qu'ils n'ont pas, à l'instar de ceux que l'on appelle les «chrétiens engagés», de type Action catholique, le même point de départ. Ce qui pousse le charismatique à agir n'est pas une analyse de la réalité, mais une motion de l'Esprit. C'est l'amour qui le brûle à l'intérieur qui se traduit autour de lui, selon des cercles plus ou moins larges... et à travers son propre degré de formation humaine et de conscience politique.

De plus, le charismatique est habité par le «déjà là» du Royaume, ce qui lui donne un certain détachement, une certaine relativisation quelles que soient ses options. Quand on objecte à Michel Santier que les charismatiques ignorent les médiations et ne sont pas très portés sur l'analyse, il répond : « Nous sortons d'une époque où l'analyse, qui est bonne en soi, a pris le pas sur la réflexion à partir de la Parole de Dieu. Les gens du Renouveau ne sont pas moins formés, mais ils relativisent les outils par rapport à la Parole de Dieu. »

Un évêque brésilien, Mgr Azcona Hermoso, exprime quelque chose du même ordre quand il dit : « L'engagement envers les pauvres est remarquable parmi les personnes qui participent à des groupes de prière, et le discernement spirituel continu nous permet d'accomplir la théologie de la libération selon l'Esprit de Dieu. » Cette priorité donnée à la Parole et non à une idéologie, fait que certains engagements au sein du RC peuvent paraître naïfs et qu'il n'est pas toujours aisé de les situer politiquement. Pourtant, ils peuvent avoir une portée politique prophétique. Ainsi, dans de nombreux pays déchirés par des luttes fratricides, les groupes charismatiques sont des lieux où se rencontrent des frères ennemis : prêtres catalans, castillans et basques en Espagne ; pasteur wallon et pasteur flamand qui collaborent dans une paroisse charismatique protestante à Bruxelles ; groupes Rostrevor d'Irlande du Nord qui accueille les terroristes ; chrétiens arabes et juifs chrétiens de Palestine qui se soutiennent par la prière et se risquent à accueillir tel membre de la communauté adverse qui est en danger.

Cependant l'action des charismatiques, comme toutes les actions humaines, a les défauts de ses qualités... et il est bien évident que la faiblesse de l'analyse peut favoriser les glissements vers une vision simpliste et dualiste (d'une part une société mauvaise et, d'autre part, une société selon Dieu qui serait bonne) et devenir, comme le disent certains, un moyen de garder l'option pour les pauvres tout en évacuant ce qu'il peut y avoir de radical dans les actions du type théologie de la libération.

Une lente maturation

Enfin, le soupçon de désengagement à l'égard des charismatiques est dû au fait que souvent leur engagement social n'a pas été immédiat. L'effusion de l'Esprit est une sorte de cataclysme qui touche d'abord la personne et qu'il lui faut le temps de «digérer». Au lendemain de l'effusion de l'Esprit on ne se précipite pas dans un syndicat, mais devant le tabernacle!

Un jésuite polonais, Jozef Kozlowski, qui accompagne depuis dix ans un groupe charismatique, a constaté une évolution en trois étapes: un temps de fondement de la vie intérieure, un temps pour trouver sa place dans la communauté d'Église, et enfin la découverte des engagements sociaux dans le monde pour «changer les structures sociales injustes».

Cristian Precht, vicaire général de Santiago, fait un constat semblable à l'échelle du Chili: la première vague charismatique resta un peu sur son quant-à-soi, tout en prenant des engagements dans les paroisses; la deuxième s'est engagée dans des actions de solidarité, et la troisième commence à s'engager en politique. Cette éducation, cette progression, dépendent aussi de l'environnement. A ce sujet, Mgr Weakland, lors d'un colloque en mai 1989 sur « l'influence de Medellín et Puebla dans l'Église et la société », notiait que les CEB avaient eu une influence certaine sur les structures du RC aux États-Unis.

Quand Minuto de Dios travaille en lien avec la pastorale sociale de l'épiscopat de Bogotá pour détecter les urgences sociales dans les banlieues, chercher des solutions et former des communautés locales susceptibles d'y apporter des réponses, il est évident que cela va dans le sens des options de Medellín et Puebla. La première ECCLA le déclarait d'ailleurs clairement : « Le RC en Amérique latine veut appuyer les choix de pastorale générale des évêques de Medellín, en faisant par exemple que les groupes de prière deviennent des véritables communautés de base chrétiennes. »

De par le monde entier, on constate que les médiations et les analyses prennent aujourd'hui plus de place qu'il y a dix ans dans l'action des charismatiques. Le mouvement Prison Fellowship, par exemple, a donné naissance à Justice Fellowship, fondé par des magistrats convertis qui remettent maintenant en cause le fonctionnement de la justice aux États-Unis. Au Puits de Jacob en France, la fraternité des médecins se retrouve depuis 1987 pour réfléchir sur les problèmes éthiques posés à la profession.

Au Rwanda, le RC s'est engagé dans une lutte contre la corruption dans les hôpitaux et les entreprises.

A Lille, la communauté de la Réconciliation, qui s'est investie dès son origine dans une présence à la marginalité de rue, situe de plus en plus son action dans une réflexion globale et dans une collaboration avec les partenaires sociaux et politiques (DASS, organisations caritatives, ANPE, Retravailler, municipalité, conseil général, préfecture...) Au terme de l'hiver 1987-1988, la communauté publiait un rapport social et médical de quarante pages et un plan d'action contre les pauvretés et les précarités. Récemment, Pierre Mauroy, maire de Lille, inaugurait en face de la gare une immense maison d'accueil où plus de cent bénévoles se consacrent à l'accueil et à la réinsertion. Le pasteur David Berly, fondateur de la Réconciliation, conclut d'ailleurs amèrement : « Dès que l'on milite pour le partage des richesses au nom de l'Évangile, on se fait traiter de communiste. »

Cette évolution générale du RC se reflète dans les déclarations officielles et les thèmes des congrès charismatiques.

En mai 1989, lors d'un séminaire national, quatre-vingt-cinq responsables charismatiques de l'Inde proclamèrent que l'engagement social en faveur des pauvres n'était pas facultatif.

En décembre 1989, l'ICCRO lançait un thème de réflexion sur l'action sociale, avec référence au livre commun du cardinal Suenens et de dom Helder Camara (*Le Renouveau charismatique et l'action sociale en dialogue*) et aux enseignements des papes. L'ICCRO soulignait que l'on ne pouvait faire l'impasse ni sur l'évangélisation ni sur la lutte au milieu des hommes, et proposait une grille de révision de vie sur l'engagement social.

Évolutions chez les pentecôtistes et les évangéliques

Les pentecôtistes et les évangéliques évoluent eux aussi en ce sens.

Réunis à Buenos Aires en avril 1989, cent vingt-cinq pasteurs et dirigeants pentecôtistes n'hésitèrent pas à évoquer les problèmes les plus délicats du continent latino-américain. L'évêque argentin Gabriel Vaccaro disait en commentant la rencontre : « Plus personne ne pourra affirmer que nous, les pentecôtistes, nous nous isolons de la réalité. Nous voulons un équilibre écologique intégral sur le continent et sommes prêts à relever le défi. »

Déjà en 1974, à la fin d'un congrès international pour l'évangélisation mondiale, les évangéliques déclaraient que l'engagement sociopolitique faisait partie du devoir du chrétien : « Le message du salut implique aussi un message de jugement sur toute forme d'aliénation, d'oppression et de discrimination. »

Mais le texte référence des évangéliques est le *Manifeste de Manille* de juillet 1989, à l'issue du IIe congrès international des Églises évangéliques sur l'évangélisation, qui souligna le lien entre annonce de l'Évangile et responsabilité à l'égard des pauvres. Si le *Manifeste de Manille* dénonce le communisme, il dénonce aussi le capitalisme sauvage et l'apartheid.

Minuto de Dios, lutte pour la justice

La corporation Minuto de Dios à Bogotá se définit comme « expression d'un engagement avec les pauvres, exigence de lutte pour la justice et désir d'arriver à l'égalité entre les hommes ».

Elle a cinq objectifs.

1. Proclamer qu'avec la force de l'Esprit Saint, Jésus-Christ est libérateur du mal personnel et social et renouveler sa foi en lui.

2. Éveiller les personnes et les communautés à la conscience de la dignité de l'être humain, de ses droits, de la réalité sociale, politique et économique, et à la participation et la solidarité.

3. Travailler à l'organisation sociale et économique des communautés.

4. Promouvoir et appuyer les communautés dans la recherche de nouvelles formes de propriété, de distribution et d'usage des biens matériels et dans la réalisation de projets socio-économiques spécifiques.

5. Créer ainsi des modèles pour des changements profonds de structure et pour l'organisation du pays.

VII

Guérisons et délivrance

Le charisme de guérison est sans doute le plus suspecté par l'Occident chrétien. Le rationalisme français est gêné par le pèlerinage annuel du Lion de Juda à Lourdes, où 25 000 personnes saluent par des alléluias explosifs des dizaines de guérisons... au nez et à la barbe des chapelains et du Bureau médical pour qui toute guérison doit être entourée de discrétion, et qui ne «reconnaît» un «miracle» que tous les dix ou vingt ans!

Que diraient-ils s'ils voyaient le père Emiliano Tardif recueillir cent six témoignages de guérison après une seule messe à Pointe-Noire, au Congo, ou sœur Briege Mc Kenna guérir les gens sur son passage en leur imposant les mains!

Pour les charismatiques, la guérison est quelque chose de tout simple: «Jésus proclamait la Bonne Nouvelle du Règne et guérissait toute maladie et toute infirmité pour le peuple» (Mt 4, 23), eh bien, Il continue!...

L'archevêque de Marseille, Mgr Coffy, explique: «Pour la mentalité catholique, forgée par la tradition des derniers siècles, la guérison extraordinaire est un miracle, Or le miracle doit être reconnu officiellement par l'Église [...]. Dans le RC, la guérison est présentée comme œuvre de l'Esprit obtenue par la prière d'un groupe [...]. La question est donc de faire reconnaître que ce pouvoir donné par le Christ à l'Église peut être

exercé par un groupe. » (Extraits de *Il est vivant*,
avril 1985 et *Mirabilia*, juin 1987.)

Emiliano Tardif

Qui dit guérison dans le RC, pense immédia-
tement au père Tardif, missionnaire canadien en
République dominicaine, connu dans le monde
entier.

Guéri lui-même en 1973 d'une tuberculose
pulmonaire aiguë par des charismatiques, il expé-
rimenta l'année suivante son propre charisme de
guérison, qui entraîna une transformation fou-
droyante de sa paroisse de Nagua. Une prostituée,
guérie d'un cancer, lança un groupe de prière
dans son bordel. Un an plus tard, quarante-sept
prostituées de la ville assistaient à une retraite
charismatique et bientôt 80 % des cinq cents
bordels de Nagua fermaient leurs portes. Une
centaine de groupes de prière se formèrent sur la
paroisse et huit cent six dans le diocèse.

Cette même année 1974, il y eut un phénomène
resté célèbre dans les annales du RC. Un confrère
du père Tardif, qui ne voulait pas entendre parler
du RC, lui confia cependant sa paroisse de
Pimentel pendant ses vacances. La première
semaine, E. Tardif fit une conférence sur le RC
et un paralytique fut guéri. La deuxième semaine,
3 000 personnes accouraient à la réunion de
prière, et 7 000 à la troisième, et chaque fois il y
eut des guérisons (notamment de notabilités de la
ville : un policier, la femme du maire, la mère du
vicaire général, un animateur de télévision...)
L'église et la rue étant devenues trop petites pour
contenir la foule, les réunions se tinrent au parc
public « transformé, selon le mot d'un spectateur,
en grande piscine de Siloé ». La quatrième
semaine ils étaient 20 000, et 42 000 la cinquième.
Quand le curé revint dans sa paroisse, il y avait
trente-cinq groupes de prière.

La vie des chrétiens de Pimentel, des villages alentour et même de tout le pays, fut durablement changée.

La guérison pour l'évangélisation

Après les pentecôtistes et les évangéliques pentecôtisants, des charismatiques catholiques réalisent à leur tour que le charisme de guérison est un moyen d'évangélisation excellent pour notre XXe siècle incroyant et en même temps fasciné par le mystère et le sacré.

Puisque Dieu donne ce don, pourquoi ne pas l'employer? «Les guérisons font partie de l'annonce du Royaume [...]», dit Mgr Coffy.

Après quatre soirées de prédication à la patinoire de Genève, auprès de huit mille personnes, Emiliano Tardif constate: «Elles étaient attirées par les guérisons et la proclamation du Royaume de Dieu. C'est la pastorale de Jésus, tout simplement.»

Le père Tardif ne parle d'ailleurs pas de «miracles» mais de «signes». Peu lui importe que ce signe soit reconnu par la médecine, l'essentiel est qu'il soit reconnu par les gens comme signe de Dieu. Son expérience l'a d'ailleurs convaincu que c'est l'évangélisation qui est première et que les guérisons ne sont que des signes qui l'accompagnent.

Le corps, l'esprit et l'âme

D'ailleurs, pour les charismatiques, la guérison qui importe est celle du cœur. Que l'on n'aille pas leur objecter que si telle personne a été guérie de ses migraines, ce n'est pas une «vraie guérison», que c'est psychologique, et qu'elle a trouvé un soutien dans la communauté! Ils en sont les premiers persuadés! Ce qui importe à leurs yeux c'est que cette personne, grâce à ce signe et par le biais de la prière et de l'amour des frères, et éventuellement du sacrement de pénitence, se soit réconciliée avec elle-même et avec Dieu. Toutes les communautés qui ont un charisme de guérison sont attentives à cette globalité de la personne (en langage «nouvel âge» on parlerait de médecine holistique). Au château Saint-Luc, l'équipe de médecins et de psychologues du Lion de Juda, qui a treize années d'expérience, ne sépare jamais la réalité physique ou psychologique de la réalité spirituelle. On n'y exerce pas le charisme de guérison de façon magique, mais dans un patient accompagnement qui peut être un véritable combat spirituel et exiger l'engagement total de la personne. Les frères et sœurs du château Saint-Luc ne sont pas des rêveurs. Ils réalisent une heureuse harmonie entre professionnalisme et charisme et ils savent se mettre au service de la pastorale courante: participation à l'aumônerie de la santé, accompagnement des mourants, séminaires de formation à l'accueil psychospirituel des malades.

Le père Michaël Scanlan, qui a quinze années d'expérience du ministère de guérison, insiste sur le fait que le don de guérison est signe que Dieu nous visite et qu'il n'est pas réservé à quelques-uns, c'est d'abord aux parents de prier pour leur enfant malade. La guérison s'obtient par la prière d'intercession, le jeûne, l'imposition des mains, mais aussi les sacrements, et nécessite parfois un patient ministère d'accompagnement.

La rencontre de Satan

Tous ceux qui exercent le charisme de guérison rencontrent un jour ou l'autre la puissance du mal, à laquelle ne sont sensibles que ceux qui ont une certaine acuité spirituelle. Ils accueillent nombre de personnes démolies par des expériences d'occultisme et de spiritisme. Les charismatiques ont coutume de distinguer la «possession» qui est une prise de pouvoir du démon sur toute la personne et qui est rare, et le «lien» qui est plus ponctuel et plus fréquent. La possession relève de l'exorcisme qui, dans l'Église catholique, doit être pratiqué par l'exorciste diocésain. Le lien relève d'une prière de délivrance que l'on pratique couramment dans le RC.

Un «lien» peut engendrer des maux de toutes sortes et sa délivrance exige discernement, patience, prière et sacrements.

Si les charismatiques occidentaux s'abstiennent en général de pratiquer l'exorcisme, il n'en est pas forcément de même dans le tiers monde. Un Français qui a passé plusieurs années en Malaysia et à Bornéo a été plusieurs fois amené, tant la demande est forte et pressante, à faire des exorcismes. Dans ce contexte il peut y avoir des dérapages. On se souvient de ces femmes de Faaite, ex-membres du RC, qui ont brûlé des êtres humains pour exorciser les forces démoniaques supposées menacer Tahiti.

Urgence en Afrique

Les charismes de guérison et de délivrance sont de première importance en Afrique, terre de magie où les sorciers rivalisent avec les sectes de toutes sortes pour envoûter ou guérir.

Le RC a bien compris qu'il devait œuvrer sur ce terrain, et il organise de nombreuses rencontres et séminaires sur le thème de la guérison. En septembre 1989 en Ouganda, pays traumatisé par douze années de massacres, cent cinquante personnes ont travaillé sur le thème de la guérison de la mémoire. Au Rwanda, les charismatiques vont dans les hôpitaux et utilisent la prière des malades pour lutter contre les maladies entretenues par les sorciers. Au Bénin, lors d'une conférence dans un grand stade, le père Tardif fit une quête pour recueillir tous les gris-gris et amulettes.

Le RC africain s'avère également précieux dans la gestion de la transe de possession que le père Éric de Rosny qualifie de «plante précieuse de la mystique africaine». (*Études*, mai 1989). S'introduisant dans le champ du sentiment religieux africain, il était inévitable que le RC rencontre cette transe. Que faire? Surtout ne pas la combattre, «le jour où il n'y aura plus de transe ce sera grave. C'est la fréquence et l'exagération qui sont mauvaises», dit Mgr Kombo, du Congo. Le père Éric de Rosny partage cet avis: «La foi chrétienne n'a que trop longtemps souffert d'être élevée en serre dans un terreau de bonne qualité mais importé [...]. L'authentique foi africaine ne peut s'épanouir hors du champ des émotions natales.» C'est justement parce qu'elles n'ont pas su prendre en compte la culture profonde des Africains, leur besoin de chefs charismatiques et de pratiques de guérison que les Églises catholique et protestantes doivent céder le pas devant une multiplication d'Églises «afro-chrétiennes». Le RC, lui, a bien compris qu'il fallait pratiquer le charisme de guérison et ne pas combattre la transe mais la gérer. On assiste actuellement à un regain du charisme de guérison et des «signes et prodiges». Véhiculé par des églises évangéliques très «réveillées» (comme celle de John Wimber aux États-Unis), il touche les catholiques, et c'est sans doute un des aspects de l'œcuménisme charismatique qui préoccupe le Vatican.

VIII

Évangélisation

Comme les apôtres à la Pentecôte, ceux qui ont reçu l'effusion de l'Esprit sont sortis pour aller annoncer partout la Bonne Nouvelle : sur les trottoirs de Paris, dans les hôpitaux, dans les prisons, dans les écoles, sur les plages, chez les gitans, dans les paroisses... Ils n'ont pas hésité à employer les techniques de communication les plus diverses : cassettes, livres, radios, disques (250 000 disques vendus par la chorale de Word of God), spectacles pour les jeunes (Life and Light des Fondations du monde nouveau), petits déjeuners d'hommes d'affaires...

Ils ont ouvert des « bistrots du curé » et des « cafés chrétiens », ils ont organisé des festivals d'art sacré et des ateliers d'artiste, ils ont monté des studios de télévision (Ralph Martin et mère Angelica touchent 55 millions de téléspectateurs) et même mis à contribution la publicité. Ainsi Vincent Reyre, alors PDG de Promecom, fit apparaître, à chaque grande fête religieuse, à l'emplacement des habituelles publicités pour le Minitel rose ou les films pornos, des affiches proclamant : « Le Christ est ressuscité » ou : « Il s'est vêtu de notre chair »...

D'après une définition de l'ICCRO, « l'objectif de l'évangélisation est de renouveler l'humanité en appelant les gens à entrer dans le travail de la conversion intérieure à Jésus, qui culmine avec le baptême ». On ajoute que cela comprend le témoignage et l'annonce explicite.

Le boom des écoles d'évangélisation

Les charismatiques se sont bien vite dit que l'évangélisation nécessitait apprentissage (technique et spirituel) et organisation, et ils se sont mis à faire des « écoles d'évangélisation ».

Là encore, les Américains furent en première ligne. En voici deux exemples.

Les NET, National Evangelization Teams, ont commencé en 1981 avec un groupe de jeunes qui animaient des retraites dans les high schools du Minnesota.

Aujourd'hui, ils sont cinquante permanents à travailler à plein temps dans les paroisses et une centaine de jeunes de dix-huit à vingt-huit ans à consacrer un ou deux ans de leur vie à se former et à évangéliser par des week-ends de retraite, de musique et de chants, de théâtre (sketches sur les problèmes de jeunes), des discussions de groupe... Ils sont demandés par quatre-vingts diocèses mais, débordés, ils ne peuvent répondre qu'à une trentaine.

Pour le père Michaël Kolar, son fondateur, NET fait partie du plan de Dieu pour aider les jeunes, « que l'Église est en train de perdre par millions, à rencontrer le Christ de façon personnelle ».

FIRE (Faith Intercession Repentance and Evangelism), fondé à partir de Word of God et de l'université de Steubenville, s'adresse également aux adultes et a des ramifications dans quarante-deux pays. Sous la houlette de ses quatre conseillers épiscopaux, FIRE remplit les stades, se fait entendre sur les ondes, propose aux paroisses des rencontres mensuelles avec support de vidéocassettes, organise des retraites pour les jeunes et des week-ends de croissance dans la vie du Christ.

En France, l'Emmanuel a son École internationale d'évangélisation, et Daniel Ange a fondé Jeunesse-Lumière, qui propose à des jeunes de vivre une année partagée entre une intense vie de prière et de liturgie, et des opérations d'évangélisation dans les écoles, les rues, les plages, les prisons, les paroisses.

En Inde, c'est le programme YEJ (Youth Encounter Jesus) qui, en 1987 par exemple, a été donné dans dix-sept collèges catholiques du Kerala et auprès de 12 500 jeunes des campus.

En Colombie, on a traduit l'année internationale de la jeunesse, en 1985, par «un million de jeunes pour le Christ», avec une grosse campagne pour les toucher dans leurs lieux de vie et par tous les moyens (médias, cafés chrétiens, insignes, tee-shirts...), et avec la mise sur pied d'une organisation nationale charismatique spéciale pour les jeunes, chaque groupe de prière adulte devant créer un groupe de jeunes.

A Cologne, en septembre 1987, plus de deux cents jeunes se retrouvèrent pour une session sur l'évangélisation. Ils y étudièrent notamment le Nouvel Age, l'avortement et le service militaire, et présentèrent un spectacle sur la place de la cathédrale avec des témoignages. Ce ne sont que quelques exemples.

De plus en plus, ces écoles, d'impulsion charismatique, travaillent en lien avec les responsables de l'Église catholique.

Au Brésil, c'est une École nationale d'évangélisation qui a été fondée, avec tout un réseau d'écoles diocésaines et locales sous la juridiction de l'évêque, et qui fait partie intégrante de la pastorale.

Aux États-Unis, la récente NCEA, association catholique nationale pauliste d'évangélisation, a été reconnue par l'Union théologique de Washington pour former (avec diplôme à la clef) des futurs prêtres et des laïcs ayant un ministère d'Église, à la théorie et à la pratique de l'évangélisation des Américains non pratiquants et non baptisés.

L'appel de Jean-Paul II

Le mot «évangélisation», qui n'était guère employé que par les charismatiques il y a vingt ans, est devenu à la mode avec les appels de Jean-Paul II à une «seconde évangélisation» de l'Europe et à une «nouvelle évangélisation» pour le monde entier. L'Amérique latine prépare le 500e anniversaire de l'évangélisation du continent et sa XXIe assemblée épiscopale (Saint-Domingue 1992) sur le thème: «Promouvoir la nouvelle évangélisation en mettant l'accent sur l'évangélisation des cultures.»

L'ancien archevêque de Santiago, le cardinal Fresno Larrain, déclarait à ce propos: «La nouvelle évangélisation signifie recommencer de proclamer, avec des énergies renouvelées et des moyens audacieux, la nouveauté de l'Évangile, son contenu original, la vie qui surgit au contact de Jésus.»

Les évêques du Texas ont lancé «Mission Texas», à base de petites cellules où l'on médite la Bible et où l'on invite ses voisins... Et les laïcs français des synodes diocésains s'interrogent tous gravement sur la manière d'annoncer Jésus-Christ aux hommes d'aujourd'hui!

En mai 1989, le Conseil œcuménique des Églises organisait au Texas, à San Antonio, une conférence mondiale sur la mission et l'évangélisation.

Évangélisation-2000

Dans le RC, l'effervescence évangélisatrice est à son comble avec l'approche du troisième millénaire. En mai 1975, à Saint-Pierre de Rome, les charismatiques catholiques du monde entier avaient reçu une prophétie : « Je vous préparerai à un temps d'évangélisation comme il n'en a jamais été vu auparavant. »

Un certain nombre de leaders pensent que ce temps est venu et que toutes les interventions de l'Esprit depuis un siècle, et en particulier depuis vingt ans, étaient destinées à préparer ce temps de grâce de la dernière décennie du siècle.

Chez les catholiques, un nom incarne cette vision grandiose, celui du père Tom Forrest, ancien président de l'ICCRO, personnalité très controversée, au tempérament d'évangélique et à la foi enthousiaste et primaire. Tom Forrest rêve d'« offrir à Jésus Christ un monde plus chrétien comme le plus beau cadeau pour son 2000e anniversaire ».

Il a fondé à cet effet Évangélisation-2000 dont le siège est à Rome et qui a lancé, le 25 décembre 1990, la décennie d'évangélisation. Évangélisation-2000, précise Tom Forrest, n'est ni une agence financière, ni un mouvement, ni une alternative prétendant corriger ce qui existe, mais un service offert à l'Église, parmi d'autres, en réponse à l'appel du pape. Tom Forrest s'appuie sur le Concile, sur *Catechesi tradendae*, sur le synode de 1987 et cite *Evangelii nuntiandi* : « L'évangélisation est la tâche la plus fondamentale du peuple de Dieu. »

Évangélisation-2000 diffuse en cinq langues une petite revue tirée à 75 000 exemplaires et envoyée aux évêques et aux supérieurs majeurs du monde entier.

Chaque continent a un directeur. Frère Chris Aridas, de New York, et Gérard Desrochers, du Canada, pour l'Amérique du Nord ; José Florès, de Mexico, pour l'Amérique du Sud ; Manuel Casanova pour l'Europe ; Jim Bermingham pour l'Afrique et Gino Henriquez pour l'Asie.

Évangélisation-2000 est financé par un homme d'affaires hollandais, Piet Derksen (les Centers

Parks, c'était lui), converti, qui a mis sa fortune au service d'une fondation, Témoignage de l'Amour de Dieu, qui soutient des opérations nombreuses et variées.

Les prêtres et les jeunes

Évangélisation-2000 a deux cibles privilégiées : les jeunes et les prêtres.

Pour les jeunes, Évangélisation-2000 soutient et promeut les écoles d'évangélisation (environ une centaine dans le monde), dans le cadre d'une association, et les centres de formation, dont un à Rome. Pour les prêtres et les évêques, Évangélisation-2000 organise des retraites, locales, nationales, continentales, et dit avoir reçu une mission officielle de Jean-Paul II pour procéder à l'organisation de retraites mondiales de prêtres. En fait, Évangélisation-2000 orchestre et relaie des initiatives charismatiques déjà existantes. En juillet 1988, une retraite était prêchée à soixante-deux évêques des Philippines, à la demande du cardinal Sin, par Tom Forrest et Gino Henriques. En septembre 1988, une retraite, financée par Évangélisation-2000 et le Celam, réunissait une centaine d'évêques latino-américains en Colombie. Des retraites semblables se préparent en Afrique et en Asie.

La première retraite internationale de prêtres à Rome en 1984 (avant que n'existe Évangélisation-2000) avait regroupé 6 000 prêtres de cent pays. Celle de septembre 1990, dans la salle d'audience du pape et avec sa participation, en a regroupé 4 000. Ces retraites ont été financées par les fonds de Témoignage de l'Amour de Dieu, de Piet Derksen.

Évangélisation-2000 prévoit une retraite internationale pour les supérieures majeures et une autre pour les théologiens.

Évangélisation-2000 lance également une campagne mondiale de prière et s'est assuré du soutient de mille communautés contemplatives. En France, c'est le Chemin neuf qui sert de boîte à lettre à Évangélisation-2000, que la communauté considère plus comme une sensibilisation et un soutien de prière que comme une campagne avec des buts précis.

Lumen-2000

Un autre instrument international d'évangélisation du RCC — Lumen-2000 — né en 1982 de la rencontre de Piet Derksen, récemment converti, avec plusieurs personnalités : Tom Forrest, Bobby Cavnar, ancien GI membre de God's Delight, qui se consacre depuis des années à la télévision catholique, Luigi Giussani, fondateur de Communion et Libération, Gustavo Cisneros, un millionnaire vénézuélien qui a des intérêts dans la télévision de son pays et Bruno Bouzoullic, alors membre de l'Emmanuel. Persuadés qu'il faille utiliser les moyens modernes pour diffuser l'Évangile, ils projettent l'acquisition d'un canal de satellite. Mgr Foley, chargé de la communication au Vatican, voit d'un mauvais œil cette organisation internationale aux projets ambitieux, avec boîte postale au Vatican ! Le projet de satellite sera abandonné, le siège s'établira aux Pays-Bas et Tom Forrest se retirera de la direction.

Lumen-2000 est financé par Piet Derksen, qui en assure la présidence. La direction est partagée entre Ed Arons pour l'Europe, Bobby Cavnar et Diego Jaramillo pour les Amériques, Jim Bermingham pour l'Afrique, et pour l'Asie Gino Enriques. Il y a soixante-quinze pays membres et un budget annuel de 1 à 2 millions de dollars. Une demande de reconnaissance par le Vatican a été déposée. Lumen-2000, qui se définit comme un cadre de coopération entre des producteurs de programmes de télévision et les vidéo-évangélisants, distribue des produits vidéo, prend des contacts avec des émetteurs éventuels, crée des unités de production nouvelles et donne des aides financières à des associations en accord avec les épiscopats locaux. Aux Philippines, l'aide consiste en envois de caméras et des personnes formées. Minuto de Dios a également obtenu du matériel et un professionnel.

Au Kenya, quinze programmes de Lumen-2000 ont été diffusés par la télévision nationale.

Au Brésil, les programmes de Lumen-2000 sont diffusés par satellite grâce à un missionnaire américain qui a monté un studio. Un charismatique français qui a vu ces émissions — avec les génériques de Dallas! — les juge «très américaines, très pauvres, papistes et archicatho, avec inflation de Marie et de présence réelle». Ainsi Bobby Cavnar, avec son enthousiasme généreux, son expérience et son matériel de «pro», envoie, grâce aux réseaux câblés hertziens, ses *preachers* à la manière des évangéliques nord-américains, jusqu'au fin fond de l'Amérique du Sud.

A l'égard de ces entreprises d'évangélisation audiovisuelle, la hiérarchie catholique est à la fois accueillante et méfiante. Accueillante car, comme le dit le porte-parole des évêques brésiliens, Arnaldo Beltrani, «ce n'est qu'avec l'aide des médias qu'on pourra mettre un terme à l'extension des sectes fondamentalistes». Méfiante à cause, justement, du risque de contagion fondamentaliste.

Mais Lumen-2000 évolue. Lors de la première rencontre internationale, à Dallas, c'est une tonalité charismatique fondamentaliste américaine qui s'imposait. La seconde, à Bogotá, fut tempérée par la présence de non-charismatiques et de représentants officiels des médias catholiques. Les évêques sud-américains furent très clairs: Lumen-2000 devait jouer la collaboration avec les organisations de médias catholiques et respecter la culture des pays dans lesquels il diffuse.

Agents de la restauration?

On imagine que ces grandes entreprises charis-matico-évangélisatrices ne sont pas du goût de tout le monde. Certains y voient la grande cons-piration internationale de «restauration catholi-que» soutenue par le Vatican et dont les protago-nistes les plus efficaces sont essentiellement ceux que le cardinal Ratzinger salue comme étant les artisans du renouveau ecclésial d'aujourd'hui: le RC, Communion et Libération, Schoenstadt et l'Opus Dei qui se sont gagné la bienveillance de nombreux épiscopats!

Le Conseil national pour l'évangélisation catholique, fondé en 1982 par l'épiscopat nord-américain, n'héberge-t-il pas le bureau national d'Évangélisation-2000 dans ses locaux? N'est-ce pas avec l'appui de la fondation de Piet Derksen et la participation d'Évangélisation-2000 que le Celam a élaboré son service d'animation mission-naire SAMAL 89 (formation de prêtres et laïcs), dont le siège est à Bogotá? Évangélisation-2000 participe aussi à la préparation du 500e anniver-saire de l'évangélisation en Amérique latine.

Tom Forrest a assisté à une session plénière de la conférence épiscopale du Brésil et Manuel Casanova à une réunion du Celam où un évêque a été nommé pour faire le lien avec Évangélisa-tion-2000. Gino Henriquez a assisté à une réu-nion de la FABC (épiscopats d'Asie).

Une décennie d'évangélisation œcuménique

Pour Tom Forrest, la décennie d'évangélisa-tion ne peut être qu'œcuménique. Lors d'un rassemblement européen à Berlin en septembre 1988, il déclara devant cent-cinquante responsa-

bles représentant une dizaine d'Églises, en écho
à l'appel de Jean-Paul II à Strasbourg: « Nous
n'avons pas le temps de nous combattre les uns les
autres. Nous devons nous faire confiance mutuel-
lement. C'est la seule manière de convertir à
nouveau l'Europe au Christ. »

Tom Forrest n'a d'ailleurs pas été le premier à
avoir eu l'idée d'une période d'évangélisation
intense, ni à penser que si l'Esprit Saint s'était
répandu dans toutes les Églises, ce n'était pas sans
signification ! Les pentecôtistes et les évangéliques de l'ICCWE (International Charismatic
Consultation on World Evangelisation) avaient
invité, à leur deuxième consultation de Singapour
en 1988, quelques catholiques (Laurent Fabre,
Raniero Cantalamessa, capucin prédicateur de la
Maison du pape, Tom Forrest) avec qui ils
partagèrent la même intuition: l'appel du Christ
à évangéliser toutes les nations ne peut se faire que
dans l'unité. Les Églises chrétiennes doivent donc
mettre en commun leurs lumières et leurs grâces
spécifiques.

Au cours de cette rencontre furent présentés en
détail cinq ou six programmes d'évangélisation de
portée mondiale, parmi lesquels l'Évangélisation-
2000 des catholiques.

La consultation de Singapour fut l'occasion
d'étonnements et de découvertes mutuelles. Les
Européens, surtout les catholiques, furent dérou-
tés par le jargon technologique et le rôle de
l'ordinateur dans les plans d'évangélisation des
pentecôtistes américains, et ces derniers décou-
vrirent que les catholiques, invités comme observateurs, pouvaient être des partenaires valables...

Au cours de la rencontre, le père Raniero
Cantalamessa intervint pour relativiser l'efficacité des plans et pour souligner que l'unité ne
pouvait pas être anthropocentrique à la manière
de celle de Babel: « C'est uniquement avec l'unité
théocentrique (celle de Pentecôte) que notre

proclamation de l'Évangile peut être couronnée de succès. »

Pour écouter le Seigneur à Jérusalem

Le message dut être reçu puisqu'au printemps suivant, une centaine de responsables, de toutes dénominations et de tous pays, se retrouvaient ensemble à Jérusalem pour une retraite de dix jours pour écouter le Seigneur et discerner les prochains pas concrets à faire. Le pasteur luthérien Kurt Maeder, qui formait la délégation française avec David Berly et Laurent Fabre, raconte que les pèlerins de Jérusalem vécurent un combat spirituel. Ils eurent la vision d'un homme fort qui tentait d'empêcher l'œuvre d'évangélisation. « Une puissante onction de l'Esprit est alors tombée sur nous tous, nous conduisant à un long temps de combat. Dieu nous a poussés à prendre autorité sur l'homme fort, à le lier afin qu'il ne puisse plus empêcher la Bonne Nouvelle de porter ses fruits. »

Kurt Maeder en conclut que la réussite de la décade d'évangélisation exige que chacun se remette au Christ dans l'abandon et la repentance, apprenne à soumettre les différences entre Églises à l'urgence de la tâche d'évangélisation commune et soit disponible aux dons de l'Esprit car « les signes et les miracles qui accompagnent l'effusion de l'Esprit sont souvent le seul moyen pour faire pénétrer l'Évangile dans les contrées qui n'ont jamais entendu parler du Christ ». Et Kurt Maeder de conclure : « Jérusalem fut une grâce particulière d'unité, un engagement dans l'obéissance pour l'évangélisation. » (*Tychique*, novembre 1989.)

Sur le plan œcuménique, la décennie d'évangélisation a été lancée officiellement en août 1990 à Indianapolis (40 000 personnes dont 10 000 catholiques) et, pour l'Europe, à Berne en juillet 1990.

Le rassemblement avait été préparé par la Consultation charismatique européenne, présidée par le pasteur bernois Marcel Dietler et la catholique américaine Kim Collins. Y participaient 4 000 personnes dont 50 % de catholiques, 47 % de moins de trente-cinq ans... et 1 400 chrétiens d'Europe de l'Est. Le sommet de cette rencontre fut une marche de prière dans le centre de Berne pour annoncer que Jésus est Espoir pour l'Europe. Elle se termina par un lâcher de ballons et une prière en trente-cinq langues sur la Bundesplatz. En juillet 1991, ce sera le rassemblement mondial de Brighton, sous la responsabilité de l'anglican Michaël Harper.

Programmes protestants

Ce style d'entreprise évangélisatrice, nouveau pour les catholiques, est largement et efficacement répandu chez les pentecôtistes et les évangéliques.

Le chercheur et pasteur anglican David Barrett, qui a fait une étude globale des programmes d'évangélisation, en a dénombré 543 pour le xxe siècle (293 aux États-Unis, 36 en Italie, 19 en France, 34 au Vatican...) et il affirme en voir naître actuellement une dizaine par an, dont plus de la moitié sont pentecôtistes ou charismatiques.

Parmi les plans actuels, on peut citer : The World by 2000 (radio protestante), Lumen-2000, World Litterature Crusade (dont le but est de placer deux livres chrétiens dans chaque foyer de la terre), Southern Baptist's Bold Mission Thrust...

Les buts de ces plans sont si ambitieux que David Barrett établit un constat d'inadaptation de certains, alors que leurs résultats semblent pourtant étonnants ! Ainsi la Christian Broadcasting Agency, après soixante-six ans d'existence, « ne diffuse qu'en 200 langues sur les 14 000 de la planète», et Every Home for Christ n'aurait atteint «que» 680 millions de foyers dans les trente dernières années!

Parmi les programmes qui «marchent», David Barrett cite celui de Campus Crusade for Christ International qui se nomme «New Life-2000» et qui est mis en œuvre par 16 000 permanents dont 3 500 Américains dans 150 pays. Billy Graham en est président d'honneur.

New Life-2000 a divisé le monde en cinq cents régions d'environ 1 million d'habitants chacune, autour d'une équipe centrale. Une «stratégie pour donner à chacun et partout une chance de répondre oui à Jésus Christ en l'an 2000». Leur principal moyen de pénétration est un film sur Jésus qui aurait déjà été vu par 325 millions de personnes dans cent quinze langues. Il devrait, en l'an 2000, avoir été traduit en trois cents langues et mille dialectes, et l'on prie pour que un million de nouvelles églises naissent d'ici l'an 2000!

New Life-2000 se présente comme un service à la disposition des individus et des Églises. Les budgets sont énormes : chaque centre New Life coûte en moyenne 50 000 dollars par an (salaires des responsables et équipes d'évangélisation avec le film *Jésus*); la traduction du film dans une langue nouvelle coûte 20 000 dollars et l'équipement du groupe qui le diffuse 3 000 dollars. Les salaires des leaders varient suivant les pays.

Dès la chute du rideau de fer, la croisade pour le Christ est partie à l'assaut de ce nouveau champ missionnaire.

A Cracovie, il y eut 2 300 réponses à l'appel à la conversion qui clôtura les grands meetings, et 1 000 personnes demandèrent une plus ample information, en attendant la présentation, en octobre 1990, du film *Jésus*. En mars, 8 000 étudiants et 400 professeurs (sur 60 000 invitations envoyées) sont venus à des meetings à Bucarest et Timisoara, et ils ont été réinvités en août pour la projection du film *Jésus*.

Dans le même temps étaient visitées l'Union soviétique, la RDA, la Hongrie et la Tchécoslovaquie...

Mais les charismatiques ne sont pas les seuls à partir à l'assaut de l'Est. Ainsi en Roumanie, les adventistes firent, en mai 1990, 2 555 baptêmes et fondèrent trois cents nouvelles communautés.

Radio Bandeirantes

Toutes les ondes charismatiques ne ressemblent pas forcément à Lumen-2000, comme en témoigne Radio Bandeirantes dans l'État de São Paulo, au Brésil.

L'histoire commence par des cours organisés par le père Jonaz Abib, à la demande de son évêque, pour former des jeunes charismatiques. En 1978, le père Jonaz propose à ce groupe de jeunes très soudés de donner un an au service du Seigneur pour prier, lire la Bible et évangéliser. A la fin de l'année, quelques-uns fondent une communauté — le Chant d'oiseau — qui s'engage à vivre l'Évangile dans la pauvreté, l'obéissance et la soumission, et à être une petite Église domestique prenant Marie pour exemple.

Sans le moindre sou, ils construisent un centre et commencent à faire des missions d'évangélisation dans les villages éloignés de montagne et à prier pour avoir un temps d'antenne à une bonne heure d'écoute. Quinze jours plus tard, un directeur de station leur offre quinze minutes quotidiennes qui obtiennent un véritable succès. En 1980, ils inaugurent leur propre station, Radio Bandeirantes, qui maintenant couvre tout le Brésil sans aucun contrat publicitaire, avec la seule aide de la Providence (200 000 dollars). De plus, ils éditent 3 000 cassettes par mois et envoient des programmes à 20 autres stations.

IX

Difficile œcuménisme

Les premiers charismatiques vécurent comme en rêve: hier méfiants ou indifférents envers le frère protestant ou catholique, ils se retrouvèrent tout à coup soudés avec lui par une expérience identique de la lumière et de l'amour du Christ. A leurs yeux, les divisions des chrétiens s'étaient évanouies et ils avaient déjà un pied dans l'unité du Royaume.

Le temps du désert

Puis vint le temps du désert. Le souci de chacun de se faire admettre dans sa propre Église et les exigences d'organisation des communautés naissantes à croissance rapide, prirent le pas sur les rassemblements œcuméniques joyeux et spontanés. Il y eut alors des amertumes et des souffrances profondes, surtout dans les pays où les protestants minoritaires se sentirent quelque peu trahis par les catholiques jugés «récupérés» par leur Église.

Pourtant, le feu de l'unité n'a jamais cessé de couver sous la cendre. Des communautés comme Word of God, le Chemin neuf, la Théophanie, le Puits de Jacob ou le Lion de Juda n'ont jamais cessé, chacune à leur manière, de s'enraciner solidement dans l'unité. Au Chemin neuf, des catholiques et des protestants — y compris prê-

tres et pasteurs — célèbrent leur engagement à vie
devant le cardinal Decourtray et un représentant
de l'Église protestante. Les Fondations du monde
nouveau comptent trente protestants de différentes dénominations. Le Lion de Juda établit un
pont avec la tradition judaïque et la Théophanie
avec la tradition orientale. La Réconciliation
cimente son unité dans le service du pauvre. En
Grande-Bretagne, sans bruit, le RC a aidé l'Église
catholique à s'ouvrir aux protestants, et le cardinal Hume invitait récemment Billy Graham pour
examiner une coopération possible dans l'évangélisation.

Depuis des années, au Christian Renewal Center de Belfast, des Irlandais du Nord et du Sud,
protestants et catholiques, prient ensemble chaque matin et jeûnent pour la réconciliation de leur
pays.

Les « Montées de Jérusalem »

Parmi ces perles cachées porteuses d'espérance, il faut citer les « Montées de Jérusalem »,
dues à l'initiative de Thomas Roberts, qui est
mort sans en voir la réalisation.

Chaque année, depuis 1984, des chrétiens de
plusieurs pays et de plusieurs dénominations,
souvent issus de modestes groupes de prière,
« montent » à Jérusalem à la date de la Pentecôte
orthodoxe. Là ils résident dans des familles
chrétiennes ou juives messianiques, prient avec
eux, leur apportent des bibles.

Pourquoi Jérusalem ? Parce que, dit Michèle
Thérond-Longis, qui en est l'une des animatrices,
« dans tout œcuménisme on est confronté au
mystère d'Israël ». Au fil des ans, des liens très
forts se sont tissés avec ces chrétiens orientaux qui
ont pris goût à la prière charismatique et se sont
éveillés au désir d'unité sur cette terre où le Christ
continue d'être écartelé entre les différentes

Églises chrétiennes. Des groupes de prière, à Nazareth, Jérusalem, Bethléem, réunissent des melkites, des orthodoxes, des catholiques romains, des maronites. Des chrétiens arabes commencent à découvrir l'Ancien Testament qu'ils appelaient « Thora » et n'ouvraient jamais.

Prémices d'une aube nouvelle

Cette période de désert n'a pas été stérile.

« L'œcuménisme des débuts était fort, dit David Berly, mais nous rêvions peut-être. Après un temps de pause nous découvrons un capital œcuménique intact qui va être une base de départ pour les années 1990. »

« Au début tout était facile, témoigne Ken Metz, maintenant nous osons nous poser les vraies questions et exprimer les différences sans nous agresser. »

Paul Cowan, un missionnaire qui travaille avec Agape Europe (branche de Campus Crusade for Christ), avoue humblement qu'il ne dit plus le mot « œcuménique », car « c'est une chose trop compliquée », mais il se sent fort des expériences vécues ensemble et il a la vision des Églises réunies pour faire face à l'incroyance. « C'est grâce à la mission, dit-il, que nous pourrons nous rencontrer. »

Depuis 1987, des rassemblements, impensables quelques années auparavant, se multiplient et prouvent que les charismatiques, les pentecôtistes, et même les évangéliques sont en train de se rapprocher entre eux. Nous avons déjà parlé des rassemblements de Singapour et du *Manifeste de Manille* qui témoignent d'une reconnaissance mutuelle.

En juillet 1987, il y eut un autre rassemblement, à la Nouvelle-Orléans, qui sans doute fera date dans les annales de l'œcuménisme charismatique. Pour la première fois des pentecôtistes avaient encouragé leurs fidèles à venir à un rassemblement où les charismatiques catholiques représenteraient la moitié des 35 000 présents. Le thème était « l'Esprit Saint et l'évangélisation mondiale ». Tom Forrest émailla sa conférence de *together* (ensemble, évangéliser ensemble).

D'ailleurs, la même année avait lieu à Venise, sous le parrainage du Secrétariat pour l'unité des chrétiens et des représentants des Églises de Pentecôte, la troisième rencontre du Dialogue catholiques-pentecôtistes.

Un observateur du Conseil œcuménique des Églises, invité au Brésil à une grande rencontre de pentecôtistes latino-américains, confia avoir été surpris par leur esprit critique à l'égard du fondamentalisme, leur ouverture œcuménique et leur désir de mettre un terme à la dispersion des forces pentecôtistes dans de vaines querelles.

Même son de cloche à Buenos Aires à une réunion de pasteurs de vingt-neuf dénominations sur le thème : « Jusqu'à ce que nous parvenions à l'unité. »

En Grande-Bretagne, les rencontres de Spring Harvest (méthodistes, baptistes, anglicans) se sont ouvertes pour la première fois aux catholiques en 1989.

Aux États-Unis, des évangéliques, des charismatiques et des moines joignent leurs efforts pour ouvrir une maison de retraite, fonder une maison d'édition ou offrir des programmes d'évangélisation aux paroisses. Le RCC du diocèse de Rockeville Center (New York) s'associe à la préparation et au suivi d'une croisade de Billy Graham à l'issue de laquelle les noms de ceux qui veulent cheminer sont donnés aux Églises locales dans lesquelles ils ont été baptisés.

La course au baptisé

Mais l'œcuménisme est parfois très dur à vivre sur le terrain car, à côté des chrétiens respectueux des appartenances ecclésiales, il y a ceux qui n'ont en tête que les quotas de conversions qu'ils se sont fixés. L'Européen n'a guère conscience des proportions que la course au baptisé peut prendre aux États-Unis ou dans le tiers monde.

Aux États-Unis, les milieux hispaniques sont frappés par le départ des nombreux catholiques (déjà 1 200 000) vers les Églises évangéliques.

Il y a, à South Barrington, dans l'Illinois, une Église anabaptiste fondée en 1976 par Bill Hybel qui rassemble chaque week-end 10 000 jeunes et autant d'adultes. Les cultes pour jeunes, animés par une équipe de soixante-dix musiciens bénévoles qui répètent chaque dimanche depuis quatre heures du matin, ont un succès fou. Sur les 4 500 membres de la paroisse, 3 000 se retrouvent en petits groupes ou *discipola* (maisonnées). Tout cela est très bien... sauf aux yeux de l'archevêque de Chicago qui n'apprécie pas que 70 % des paroissiens soient d'anciens catholiques rebaptisés chez les anabaptistes !

Les conseils d'Églises chrétiennes de douze pays d'Afrique s'alarment de la vague fondamentaliste qui déferle des États-Unis et qui, par son insistance sur les miracles, développe la passivité des fidèles au lieu de les inciter «à s'engager dans un travail ardu de développement».

Dans les pays d'Amérique latine, presque exclusivement catholiques, les sectes fondamentalistes et les évangéliques font un malheur. Au Pérou 5,5 % de la population a été touchée ces dernières années. Au Brésil, le Conseil national des Églises s'émeut. Si 85 % des Brésiliens se disent catholiques et 10 % protestants, en réalité 35 % font partie d'Églises plus ou moins sectaires et les assemblées de Dieu regroupent huit millions de Brésiliens ! Au Guatemala les évangéliques revendiquent une croissance de 20 % par an.

Les membres les plus fanatiques de ces Églises sont souvent d'anciens catholiques.

Aux Philippines, pays en majorité catholique, les campagnes de Campus Crusade for Christ mordent sur la population catholique. C'est un des soucis du cardinal Sin. Par contre, en Malaysia où les chrétiens sont une minorité de 7 % dans un pays musulman et où les Églises sont persécutées, charismatiques et pentecôtistes de toutes dénominations entretiennent un dialogue dans l'esprit d'Assise qui est soutenu d'ailleurs par l'évêque de Kuala Lumpur.

Lutte au machete au Mexique

Au Mexique, le problème est particulièrement douloureux. En 1916 il n'y avait dans ce pays que 21 000 protestants et aucun pentecôtiste. Ils sont aujourd'hui 3 millions de protestants dont 68 % sont des pentecôtistes. Dans le diocèse de Tijuana, 163 communautés protestantes, de 56 dénominations différentes, ont été créées entre 1981 et 1987. Toutes ne sont d'ailleurs pas de même nature. A côté des presbytériens et des baptistes venus des États-Unis et très influents, on trouve des sectes comme les mormons ou les Témoins de Jéhovah...

Cette montée pentecôtiste engendre des bagarres parfois mortelles. A San Felipe del Progreso, le dimanche, les catholiques et les protestants se lancent des pierres. A San Pedro Cajono, un pasteur adventiste a été sauvé de la pendaison par la police, et cinq pentecôtistes ont été lynchés à Santiago Atitlan. A San Antonio Monteverde, vingt-sept personnes ont été blessées au couteau lors d'affrontements entre catholiques et méthodistes. Les attaques se sont faites plus violentes, en particulier à Mexico, à la veille de la visite de Jean-Paul II en mai 1990. L'article d'un jésuite, accusant les protestants d'imposer leur foi à coups de dollars, a contribué à enflammer les passions. En quatre mois, vingt personnes ont été tuées et quatre blessées à la suite de heurts dans les communautés rurales. Les victimes sont des méthodistes, des adventistes, des pentecôtistes et des témoins de Jéhovah (*El Excelsior* du 17 février 1990). Parfois la guerre est plus larvée. A Tlaxcala, des protestants refusent de payer les taxes pour les fêtes chrétiennes parce qu'ils ne veulent pas honorer les saints catholiques et cautionner les abus d'alcool que ces fêtes occasionnent. En retour on les emprisonne et on refuse d'enterrer leurs morts.

La hiérarchie catholique se durcit. Mgr Felipe Aguirre, évêque de Tuxtla Gutierrez (Chiapas), a récemment déclaré : « Il est important que les autorités interviennent pour stopper l'expansion des sectes protestantes dans le Sud-Est. »

De l'avis de Mgr Luis Reynoso Cervantes, évêque de Cuernavaca, l'œcuménisme prôné par Vatican II est bon pour l'Europe mais pas pour l'Amérique latine, « puisque les sectes ici ne sont pas ouvertes au dialogue et qu'elles viennent dénigrer l'Église catholique [...]. Je suis persuadé que ces groupes sont envoyés et soutenus par des intérêts politiques et économiques et qu'ils tentent de détruire les consciences avec des plans prémédités et créés aux États-Unis. Ce sont des forces impérialistes » (interview à *Uno mas Uno*, 4 mars 1990).

On assiste, de par le monde entier, à une véritable hémorragie de catholiques vers des Églises pentecôtistes et évangéliques. Mgr Cordès parle d'un « vol de brebis ».

Les orthodoxes d'Europe de l'Est ne sont pas loin de penser la même chose devant la ruée des évangéliques... et l'implantation des catholiques charismatiques.

Les réticences de Mgr Cordès

Ce contexte n'est pas de nature à apaiser la

méfiance du Vatican à l'égard des vastes projets d'évangélisation œcuménique de la dernière décennie du siècle ! En octobre 1989, Mgr Cordès, usant de son titre de conseiller épiscopal auprès de l'ICCRO, profita d'un rassemblement mondial de responsables pour faire une solide mise en garde. Il rappela que le RCC s'enracinait dans la tradition des réveils du pentecôtisme américain et qu'il avait été influencé « par leurs contenus, leurs formes et leurs styles [...]. Et l'on sait bien qu'un arbre greffé peut parfois retourner à la phase initiale du renouveau en vue d'acquérir un regain d'énergie ». Or, poursuivait le prélat, « l'approche pentecôtiste conduit à une conception de l'action de l'Esprit de type transversal, c'est-à-dire qui dépasse les limites des différentes dénominations pour retrouver une chrétienté qui est en pratique interdénominationnelle [...] ».

Le thème des rencontres de Singapour : « Les charismatiques unis pour l'évangélisation du monde », n'allait-il pas entraîner les charismatiques catholiques à éviter les références confessionnelles pour chercher une unité dans l'Église de l'Esprit et non dans l'Église visible du Christ ? En conséquence, Mgr Cordès demanda aux congressistes de ne pas « mettre en danger l'identité catholique [du RC et] de réfléchir sérieusement aux dangers considérables [d'un] soutien inconsidéré à de telles initiatives ». Il leur prescrivit même des contrepoisons (la vraie doctrine, la célébration de l'eucharistie, l'adoration, le chapelet, les pèlerinages, l'étude des vies de saints et l'autorité du sacerdoce ordonné) et les pria de rester à leur place ! Jean-Paul II encourage, certes, le RC et l'œcuménisme, mais certainement pas l'établissement de projets et d'une structure œcuménique autre que le Conseil pontifical pour la promotion de l'unité chrétienne. « Il n'a pas proposé non plus l'organisation d'événements mettant en valeur une unité émotionnelle qui ignore les questions et les vérités théologiques. »

Rien de nouveau : déjà le cardinal Suenens avait été chargé de veiller à ce que les charismatiques catholiques ne soient pas tentés par une « supra-Église du Saint-Esprit » à la manière de Joachim de Flore, et à ce qu'ils fassent bien la distinction entre « l'œcuménisme » qui respecte les identités et « l'interconfessionnalisme » qui recherche les dénominateurs communs.

« Après les remontrances de Mgr Cordès, chacun a cherché à mettre de l'huile dans les rouages. Le prélat a nommé trois conseillers théologiques auprès du comité européen et à l'ICCWE. De son côté, l'ICCRO a intensifié le dialogue avec les organismes romains concernés par l'œcuménisme.

A Berne, comme c'est d'ailleurs en général le cas dans les rassemblements œcuméniques, chaque dénomination a vécu des temps à part et, dans une intervention, Kim Collins précisa bien que l'unité de l'Esprit ne se ferait pas contre ou au-dessus des Églises. Cela n'empêchait pas de prier ensemble, d'écouter ensemble la Parole et d'entreprendre des actions communes !

Dans un langage plus ouvert que celui du cardinal Ratzinger, une récente lettre de Mgr Kelly, archevêque de Louisville, exprime les mêmes inquiétudes. Les charismatiques apportent beaucoup à l'Église, mais « qu'ils n'échangent pas leur identité catholique avec celle des pentecôtistes protestants ». L'archevêque rappelle « les trois composantes essentielles de la vie spirituelle catholique » : la Bible, lue dans son contexte et non de manière fondamentaliste, les sacrements et la communauté ecclésiale. Il leur rappelle aussi qu'« un don de l'Esprit ne donne pas, de soi, une assurance sur sa source ». Un conseil pastoral pour le RC a été créé sur le diocèse, composé de dix membres rémunérés et élus pour deux ans, choisis « pour la claire compréhension qu'ils ont de ce que signifie être catholique et charismatique ».

Paul Cowan

Pourtant il y a de vrais prophètes de l'unité dans le RC! Ceux qui ont connu Thomas Roberts, par exemple, restent à jamais persuadés que de tels hommes sont un don de Dieu.

En terminant ce chapitre, évoquons trois de ces figures plus ou moins connues.

Paul Cowan, évangélique américain, est né parmi les Indiens. Ses parents sont de ces missionnaires qui vont vivre au milieu des tribus pour traduire le Nouveau Testament dans des langues où il ne l'avait jamais été. Né dans un contexte de méfiance entre protestants et catholiques, Paul perçut un appel du Seigneur à mieux connaître les catholiques et à partager avec eux ce que lui avait reçu. Depuis bientôt une dizaine d'années, il vit en France avec sa femme et ses quatre enfants. Pendant les premières années il a prié régulièrement avec un couple catholique et suivi des cours de théologie à l'Institut catholique de Lyon. Lorsque l'on écoute Paul, on est surpris de sa bonne connaissance et de la justesse de son jugement quant aux richesses et aux faiblesses de l'Église catholique de France. Stratégie d'infiltration oblige, diront les mauvais esprits! On sait bien que, depuis la dernière guerre, les protestants américains envoient des missionnaires pour rechristianiser l'Europe!

Oui, mais Paul Cowan va régulièrement aux États-Unis et il fait des conférences sur les catholiques d'Europe dans les milieux qui leur sont encore hostiles. Il doit dire des choses positives puisque parfois il se fait siffler!

C'est avec des gens comme Paul — et ils sont des milliers — que la connaissance et l'acceptation paisible des différences progressent. Ils sont autant de pas humbles sur la route de l'unité.

Kim Collins

Il y a si peu de grandes figures féminines qu'il faut évoquer celle de Kim Collins.

Cette Américains aux racines germaniques et luthériennes était une blonde éblouissante, parée de bijoux et brillante dans le monde des affaires, telle une héroïne du feuilleton *Dallas*, ville où elle résidait. Touchée par l'Esprit, elle se lance dans un ministère d'évangélisation qu'elle exerce dans toutes les dénominations. Si bien qu'elle se dénomme elle-même «ministre interconfessionnel». Un jour de 1981, elle est appelée à intervenir à une rencontre régionale des groupes de prière catholiques du sud-ouest de la France. Elle y rencontre Éphraïm, le fondateur du Lion de Juda, ancien pasteur réformé, devenu catholique. Au rassemblement de Pentecôte 1982, à Strasbourg, elle prend vivement conscience de la division du Corps du Christ et elle reçoit cette grâce de se sentir «unie et en harmonie avec chaque partie de son Corps, dans une unité totale [...]. Il me semblait devenir membre de chaque partie du Corps». Elle reçoit cette parole de Dieu: «Réunifie mon Église.» A Jérusalem, elle rencontre Thomas Roberts et se sent appelée à marcher sur la même route que lui, mais dans l'Église catholique. Elle en est choquée, elle, le ministre interconfessionnel: comment être l'ambassadrice de l'œcuménisme en trahissant l'ensemble du Corps pour entrer dans l'un de ses membres?

Elle est confirmée en 1984 par Mgr Chabbert, qui veille sur son ministère en compagnie de Jo et Éphraïm Croissant. Actuellement, Kim Collins vit en Allemagne où elle a fondé une fraternité du Lion de Juda. Elle a été élue membre du conseil national du RC allemand et présidente de la Consultation œcuménique européenne. Ajoutons aussi qu'elle a introduit le «repos dans l'Esprit» en France.

Peter Hocken

Anglican, devenu lui aussi catholique, Peter Hocken est un auteur très controversé. Référence théologique pour un certain nombre de charismatiques soucieux d'œcuménisme, il ne cesse d'inquiéter la hiérarchie catholique.

Pourtant, Peter Hocken ne nie pas les particularités et les traditions de chaque Église, bien au contraire. Mais il se refuse à penser que « Dieu soit engagé dans tous les détails de leur structure actuelle ». On peut être fier de sa propre tradition sans la ressentir comme une supériorité, mais plutôt comme une action de grâces pour les dons reçus, qui sont destinés être rassemblés au profit de tous.

En effet, Peter Hocken pense que les réformés sont appelés par l'Esprit à approfondir l'Église-Corps du Christ et la réconciliation de toutes choses en Christ, tandis que les catholiques sont appelés à purifier leur héritage. Quant au RC, « effusion divine sans précédent » dans toutes les Églises, il ne peut pas être soumis à une seule Église. « Le Renouveau a besoin de toutes les traditions de l'Église », il ne veut pas les éliminer, mais ne veut pas pour autant « leur donner une valeur absolue ». Si chaque Église s'approprie l'Esprit à ses propres fins ce sera une « tragédie », car il est impossible « d'essayer de faire rentrer une notion œcuménique aussi vaste que la pleine révélation divine de l'Évangile dans les vaisseaux réduits de nos différentes confessions ».

« Lorsqu'on a été rassemblés par l'Esprit Saint et touchés par Dieu d'une manière identique, cela conduit à aimer, à respecter et à avoir confiance en l'œuvre de Dieu dans son prochain. » A effusion qui fut œcuménique, il faut discernement œcuménique !

L'œcuménisme à l'Emmanuel
de Brisbane

Fondée en 1974 par des catholiques, la communauté Emmanuel de Brisbane, en Australie, a vite accueilli des anglicans (de trois courants différents) et des protestants de plusieurs dénominations, qui sont cependant restés minoritaires. Au début, l'Emmanuel était gouverné par trois « anciens », représentant chacune de ces trois grandes familles chrétiennes. Après quelques années de ce régime, la communauté dit avoir compris la gravité des divisions du Corps du Christ et ressenti des difficultés semblables à celles rencontrées par les Églises.

Après réflexions et affrontements de différentes conceptions théologiques de gouvernement, les responsables disent avoir discerné que la communauté devait être œcuménique dans son mode de vie et sa mission, mais uniquement catholique dans son gouvernement (qui est très hiérarchisé, l'obéissance descendant de Dieu par un réseau de structures... et par les hommes sur les femmes).

Les catholiques disent bien avoir reçu des protestants et des pentecôtistes leur amour de l'Écriture et de la mission, mais ils pensent que si l'Église catholique doit accepter de se laisser remettre en question par les autres traditions et être *semper reformanda*, c'est néanmoins en elle que « subsiste » l'Église de Jésus-Christ. Chaque famille chrétienne est invitée à s'incarner dans sa tradition propre et à se regrouper au sein d'une fraternité avec un chapelain. La fraternité catholique a été reconnue association privée de fidèles et est soumise à l'archevêque de Brisbane.

Ce type d'organisation est finalement conforme au droit canon qui ne prévoit rien pour les communautés d'essence œcuménique.

X

Pourquoi le Renouveau charismatique ?

Le fait d'attribuer l'origine du RC à l'Esprit, n'est pas incompatible — incarnation chrétienne oblige — avec le fait de l'analyser comme le produit d'un contexte socioculturel donné.

Le contexte d'une société qui cherche une alternative à son impuissance sur les structures, en se tournant vers la réussite individuelle et plus intérieure ; le contexte d'une époque blessée par trop de raison raisonnante qui a besoin de chaleur et de sentiments ; le contexte d'une soif de sacré que les grandes Églises ne savent plus apaiser. Le RC est en ce sens une expression, parmi d'autres, du sursaut vital d'un corps social et religieux menacé d'asphyxie.

Le désenchantement du monde

Nos contemporains ont durement éprouvé les limites humaines dans un certain nombre de domaines, et sont «désenchantés».

Ils avaient cru pouvoir devenir maîtres de l'univers, et voilà qu'ils se sont retrouvés réduits à l'impuissance devant la planétarisation des problèmes, la spirale des pauvretés et des marginalités, des injustices et des violences, des maladies et des guerres fratricides.

Pour devenir adultes, ils avaient tué le Père et sa Loi, désacralisé le monde, affranchissant du religieux la politique, l'économie, la science, le droit, la psychologie, la morale, et... la religion elle-même. Et ils se sont douloureusement retrouvés le dos au mur du manque de sens. Ils avaient misé sur le pouvoir de l'intelligence et sur l'efficacité des idéologies, et ils ont dû faire le douloureux constat qu'elles étaient impuissantes et avaient même parfois servi à l'oppression des peuples. Les soixant-huitards exprimaient ce désenchantement. Analysant le phénomène de Mai-68, le sociologue Alain Touraine parle de « contre-utopie libertaire et anti-autoritaire, communautaire et spontanéiste [qui a pris] le contre-pied de ce lieu commun de la modernité technologique qu'est la certitude de pouvoir surmonter les problèmes humains et sociaux à partir d'une rationalisation efficace ».

La recherche d'un « autrement »

Devant le constat d'un certain échec de la raison et de la militance pour changer la vie, on a refait alliance avec les aspirations les plus intimes de l'être humain — paix, bonheur, authenticité, sacré... — et avec la raison du cœur.

A la militance a succédé la « mutance ». Et l'on a vu le sacré resurgir partout dans le désordre le plus complet, dans une infinité de sectes aux réponses simplistes, dans les nébuleuses mystiques et les syncrétismes du Nouvel Age... et dans les renouveaux religieux des grandes religions.

Emiliano Tardif cite souvent ce mot du curé d'Ars : « Un jour viendra où les hommes seront tellement las d'entendre parler de l'homme qu'ils pleureront de joie quand on leur parlera de Dieu. »

Les Églises, s'étant placées sous le primat de la raison, avaient été, comme l'écrit la sociologue

Danièle Hervieu-Léger, conduites à «perdre toute attention pour les signes surnaturels de la présence du divin dans le monde».

Les charismatiques sont en quelque sorte un mouvement alternatif de l'Église, renouant avec la mystique et prônant la conversion du cœur.

Dominique Parisot, consultant en publicité, les compare aux Verts. Ils sont «une troisième force, un élan collectif qui vient revivifier de l'intérieur un bipartisme manichéen, vieilli, usé et apparemment incapable de se régénérer».

Le père Gueydan, jésuite charismatique, définit la première étape du RC comme «un lieu de conversion et de cure d'âme». Comme si l'homme moderne, au sortir d'une longue maladie, avait besoin d'un temps pour se refaire de l'intérieur avant de reprendre ses combats, avec des priorités inversées: «Si nous changeons le cœur des gens, dit Ken Metz, nous changerons aussi les structures.» Les charismatiques œuvrent dans ce que Gilles Kepel appelle la rechristianisation «par le bas», qui consiste à retisser le tissu sociétaire à partir d'un individu passé par le retournement de la conversion.

Pas antimodernistes, mais postmodernes

Sont-ils pour autant, comme on le pense dans l'intelligentsia catholique — avec les *movimenti* —, des agents de l'entreprise de «restauration» menée par le Vatican?

Danièle Hervieu-Léger pense plutôt qu'ils contribuent à «placer l'Église aux avant-postes du dépassement de la modernité»... Le RC serait alors une tête chercheuse qui proposerait des réponses à l'actuel besoin de beauté, de chaleur, de communauté, de certitudes et de sacré.

De plus, le RC apporte — à condition qu'il ne tombe pas lui-même dans le fondamentalisme sectaire — une alternative ecclésiale aux sectes et

aux syncrétismes religieux. Deux anecdotes en
sont l'illustration. Lorsque la communauté de la
Sainte-Croix débuta à Grenoble, l'évêque d'alors,
Mgr Matagrin, constata le reflux des sectes dans
la ville... et leur retour après la dissolution de la
Sainte-Croix. L'autre anecdote vient du diocèse
de Rockville Center (Long Island, New York). Un
homme, né catholique, fit en 1960 la rencontre
personnelle de Jésus Christ, mais, mal reçu par un
prêtre, il alla alors dans un groupe biblique
fondamentaliste où il fut ordonné et où il fut
ministre des assemblées de Dieu pendant dix-huit
ans... Invité un jour par un catholique charismatique à une célébration, il réalisa qu'il pouvait
trouver dans son Église d'origine ce qu'il était allé
cherché ailleurs, et il la rejoignit.

Dans une lettre pastorale récente, les évêques
d'Alabama et du Mississippi, constatant les dangers du fondamentalisme dans leurs États,
concluaient: «Nous donnons notre appui au
travail du mouvement charismatique catholique.
Évitant le fondamentalisme biblique, il a souvent
fourni les responsables dont on avait grand besoin
dans les études bibliques, la construction de la
communauté et le service.»

C'est bien à cause de cette parenté avec l'esprit
du temps que le RC est une richesse pour l'Église.
Il lui apporte, dit Danièle Hervieu-Léger, «la
communauté émotionnelle [qui offre] à ses membres un espace libéré de cette tutelle étouffante de
la raison, dans lequel la possibilité d'une expérience directe et sensible de la présence divine
puisse être reconquise». Les charismatiques et
leurs semblables apportent également un «réen-
richissement de l'univers symbolique moderne,
épuisé par l'avancée de la rationalité instrumen-
tale».

Mais cette tendance expose le RC à des conta-
minations et des déviances que seuls le dialogue
et le travail avec les Églises institutionnelles,

peuvent éloigner. Ainsi les deux parties sont gagnantes à collaborer.

Le levain et la lumière

En effet, le RC rappelle à l'Église le sens de la nécessaire visibilité — «venez et voyez» — qu'elle avait un peu oubliée.

Le «bistrot du curé» tenu par l'Emmanuel, en plein Pigalle, passé plusieurs fois à la télévision, le témoignage d'une Mère Teresa ou l'annonce directe sont nécessaires pour dire l'amour de Dieu aux hommes d'aujourd'hui.

Il ne faudrait pas refaire un système de chrétienté avec tous ses services, valeurs et vérités garanties sûres... mais il s'agit tout de même de retrouver un minimum de visibilité sans laquelle il n'y a pas d'annonce possible.

L'Église, pour sa part, rappelle aux charismatiques qu'ils ne sont pas les seuls détenteurs de la Vérité et que, s'ils insistent sur la nécessité d'être «lumière», le «levain» discrètement enfoui dans la vie des hommes est, lui aussi, indispensable.

Chaque chrétien, chaque communauté, devra toujours chercher l'équilibre entre l'enfouissement et la visibilité, l'être-levain et l'être-lumière. Cela n'est possible qu'au sein d'une Église où la variété des membres font Corps, communiant et s'interrogeant dans leurs différences. Au synode de 1987, le cardinal Danneels insistait sur le fait que les mouvements d'Action catholique et les «nouveaux mouvements» étaient tout aussi indispensables à l'Église. Les premiers devaient «prendre conscience qu'un éventuel nivellement progressif de l'identité chrétienne signifierait la fin de l'Action catholique elle-même», et les seconds devaient reconnaître que l'évangélisation du milieu par le milieu restait fondamental.

Anticonciliaires ?

Le courant critique auquel nous avons fait allusion soupçonne également volontiers le RCC d'être un frein à l'application du Concile. Sait-on que pendant le synode anniversaire du Concile en 1985, des charismatiques ont prié sans cesse à Rome pour que le synode retrouve l'intuition originale de Vatican II et ranime la grâce de Pentecôte dans l'Église ?

Accuser les charismatiques d'être anticonciliaires, c'est oublier que ce Concile, comme le rappelait Jean-Paul II dans son encyclique sur l'Esprit Saint, a été pneumatique. « En un sens, il a rendu l'Esprit présent dans notre époque difficile. » Il y a bien connivence entre l'esprit du Concile et les charismatiques.

C'est oublier aussi que le RC est un mouvement puissamment laïc, qui n'a demandé d'autorisation à personne pour naître et se développer, et qui vit pleinement les notions conciliaires de Peuple de Dieu, de Corps du Christ et de Temple de l'Esprit.

Le RC peut également entraîner une révolution des ministères dont on ne peut pas encore mesurer les incidences. Dans les paroisses où l'on est attentif aux charismes donnés par l'Esprit et aux besoins des communautés, on assiste à de prodigieux développements des ministères de laïcs.

Si certaines communautés « donnent des prêtres » à la grande joie de la hiérarchie, d'autres qui n'en donnent guère — ce qui réjouit moins les évêques — ont sans doute davantage cette vocation de susciter des ministères laïcs. Dans les Fondations du monde nouveau, qui possèdent de nombreux permanents laïcs, on parle de la prochaine étape qui sera celle d'un renouveau des ministères.

Pour Mgr Weakland, il est évident que « la prise de conscience de la présence et de l'action de l'Esprit Saint dans la vie de tous les fidèles » va dans le sens du Concile. Elle «a fait se lever une nouvelle et vigoureuse conscience du *sensus fidelium* dans la vie de l'Église. Au Nord comme au Sud, cette conscience a conduit a un besoin nouveau d'écouter la voix du peuple de neuve manière [...], comme une «composante tout à fait vitale ou un maillon dans le discernement des chemins sur lesquels L'Esprit Saint guide l'Église [...]».

Des moutons soumis à la hiérarchie ?

Ultime (?) reproche fait aux charismatiques: leur manque d'esprit contestataire. Si les évêques les aiment bien, c'est par ce qu'ils ne sont pas rebelles, dit-on! C'est un peu vrai, mais il ne faut pas oublier qu'il n'y a pas si longtemps, les charismatiques ont dû faire leurs preuves de fidélité et adopter un profil bas pour se faire admettre dans l'Église. J'en connais qui ne disent pas encore publiquement tout ce qu'ils pensent (par exemple que la hiérarchie n'a pas la moindre idée du respect des droits des laïcs dans l'Église) pour ne pas avoir d'ennuis...

Mais la raison profonde de leur attitude est ailleurs. Georgette Blaquière l'explique bien. «Pour nous, dit-elle, la hiérarchie est une grâce qui vient de Dieu. Nous avons, certes, à questionner les évêques mais sans remettre en cause leur charisme. On leur parle avec liberté et on peut tout leur dire parce qu'on les aime.» Georgette Blaquière ose même affirmer que les traditionalistes et les progressistes ont finalement un même type de théologie pyramidale, alors que le RC a «une théologie paulinienne du Corps du Christ, où la cohésion vient de la dépendance mutuelle et où l'on est fondamentalement égaux et fraternels. La hiérarchie vient après, comme un service du Corps, mais c'est la réalité évangélique fraternelle qui prime».

Cela peut bien être autrement plus révolutionnaire, à terme, que la contestation virulente.

Et puis, dans les relations avec l'institution, comme dans les relations avec le monde, le RC vit quelque chose que la plupart des catholiques comprennent mal : la référence à l'Apocalypse, avec cette tension entre le «déjà là» et le «pas encore» du Royaume, qui transforme toutes les attitudes.

Elle leur donne, en même temps qu'un cœur doux et humble, une sorte de légèreté vis-à-vis des structures sociétaires et ecclésiales.

Mais le message essentiel du RC rejoint un autre message qui révèle la condition *sine qua non* pour que le Concile passe vraiment dans la vie de l'Église : celui du synode de 1985, pour le vingtième anniversaire de la fin du Concile. On y lit ceci : «L'Église ne peut se renouveler qu'en approfondissant [...] l'appel universel à la sainteté à tous les fidèles. »

L'Esprit Saint n'est ni conservateur ni progressiste. Il est l'Esprit de Dieu qui a arrosé de ses dons notre époque desséchée. Ensuite les hommes — les charismatiques comme les autres — en font ce qu'ils peuvent.

La vision de Mgr Mathieu

A la fin de son mandat de secrétaire général de l'épiscopat canadien, Mgr Mathieu refusa la proposition d'un siège épiscopal.

Un peu désabusé, il se demandait pourquoi tant d'efforts déployés dans ses responsabilités pastorales avaient donné si peu de résultats ? Le Seigneur lui suggéra de lui adresser directement la question. Après des années passées à faire des plans apostoliques, il se retira dans la prière et l'inaction. C'est alors que Dieu lui adressa la réponse : l'Église portera davantage de fruits quand on aura perdu l'habitude de « faire des œuvres POUR Dieu » et que l'on sera assez disponibles pour « faire les œuvres DE Dieu ».

Depuis, Mgr Mathieu véhicule ce message dans le monde entier.

Ainsi que cette promesse du Seigneur : « Je vais renouveler l'Église de fond en comble en retissant le tissu communautaire du peuple de Dieu. »

Pour Mgr Mathieu, l'Église doit maintenant intégrer, dans un renouveau mystique et communautaire incessant, tous les renouveaux qu'elle a connus depuis un demi-siècle (catéchétique, œcuménique, biblique et liturgique). Pour maintenir ainsi l'Église en état de renouveau, il faut, dit-il, ne pas trop institutionnaliser, accueillir les prophètes au lieu de les éliminer dans notre souci de ne pas manquer les faux, et que tous les fidèles apprennent à utiliser leur « poste récepteur spirituel ».

Orientations
bibliographiques

Ouvrages et témoignages de membres et proches du RC

Ralph MARTIN, *Dieu c'est toi mon Dieu*, Pneumathèque, 1977.

David DU PLESSIS, *Monsieur Pentecôte*, Foi et Victoire, Lausanne, 1981.

Kevin et Dorothy RANAGHAN, *Le Retour de l'Esprit*, Cerf.

M. CAROTHERS, *La Puissance de la louange*, Foi et Victoire, 1974 (en anglais: *Power of Praise*, Logos International, 1972, Plainfield NJ 07060).

Héribert MÜLHEN, *Vous recevrez le don du Saint-Esprit*, Centurion, 1982.

Charles MASSABKI, *Le Renouveau charismatique, une chance pour l'Église*. Pneumathèque, 1978.

Emiliano TARDIF, *Jésus a fait de moi un témoin*. Cahiers du Renouveau, 1984.

Philippe MADRE, *Mais délivre-nous du mal*, Pneumathèque, 1979.

Kim COLLINS, *Et ce n'est qu'un commencement. Une aventure avec Jésus*. Pneumathèque, 1988.

Michaël SCANLAN, *Comment prier pour la guérison*, Pneumathèque, 1989.

Peter HOCKEN, *Rassemblés par l'Esprit. La grâce œcuménique du Renouveau*, DDB, 1989 (en anglais *One Lord, one Spirit, one Body*, Devon, Paternoster Press Exeter.

David B. BARRETT, *The 20th century Pentecostal Charismatic Renewal in The Holy Spirit*, New Haven, éditions Overseas, Ministries Study Center.

Résumé des données de D. BARRETT dans *International Bulletin of Missionary Research*, de juillet 1988. P.O. Box 1308-E Fort Lee, NJ O7024-1308, USA.

Reportages, essais

WH Hollenweger, *The Pentecostals*, Londres, SCM Press, 1982.

The Catholics Charismatics. The Anatomy of a Modern Religious Movement, Pennsylvanie State University Press, 1983.

Monique Hébrard, *Les Nouveaux Disciples, dix ans après*, Centurion, 1987.

Frédéric Lenoir, *Les Nouvelles Communautés. Interviews de fondateurs*, Fayard, 1988.

Pascal Pingault, *Les Communautés nouvelles*, Fayard, Le Sarment, 1989.

Ingrid Reimer, *Verbindliches Leben*, Quell Verlag, Stuttgart (sur 70 communautés protestantes), 1986.

Anne Devailly, *Les Charismatiques*, éd. La Découverte, Enquêtes, 1990.

F. Champion, Danièle Hervieu-Léger, *De l'émotion en religion. Renouveaux et traditions*, Centurion, 1990.

Gilles Kepel, *La Revanche de Dieu*, coll. « L'épreuve des faits », Seuil, 1991.

Ouvrages théologiques et pastoraux

Cardinal Suenens, *Vivre une nouvelle Pentecôte?*, DDB, 1974.

René Laurentin, *Pentecôtisme chez les catholiques. Risques et avenir*, Beauchesne.

Les documents de Malines du cardinal Suenens :
— N° 1 *Le Renouveau charismatique*, Lumen Vitae, 1974.
— N° 2 *Œcuménisme et RC*, Centurion, 1978.
— N° 3 *Renouveau dans l'Esprit et service del'homme*, avec dom Helder Camara, Lumen Vitae, 1979.
— N° 4 *Renouveau et puissance des ténèbres*, Cahiers du Renouveau, 1982.
— N° 5 *Culte du moi et foi chrétienne*, DDB, 1985.
— N° 6 *Le Repos dans l'Esprit*, DDB, 1986.

Brigitte Violaine Aufauvre, Geneviève Constant et Étienne Garin, *Qui fera taire le vent? Assemblées de prière charismatique*, DDB, 1988.

Yves Jehanno, *L'Enjeu du Renouveau charismatique*, Le Sarment, Fayard, 1988.

Bernard REY et un groupe d'auteurs, *Jésus vivant au cœur du RC*, Desclée, 1990.

Père G. GHIRLANDA, *Les formes de consécration à la lumière du nouveau code*, documents Épiscopat, février 1990.

Revues francophones du Renouveau

Il est vivant, Emmanuel, BP 07, 75261, Paris Cedex 06.

Tychique, Chemin Neuf, 10, rue Henri-IV, 69002, Lyon.

Feu et Lumière, Lion de Juda, Abbaye-Blanche, 50140, Mortain.

Fondations, Fondations du monde nouveau, L'Olivaie, 06410, Biot.

Vivre ensemble, Communauté chrétienne de la Réconciliation, 111, rue des Stations, 59800 Lille.

Lettre du Puits de Jacob, La Thumeneau, 67115, Plobsheim.

Maranatha, Bruxelles.

Selon ta parole, Canada.

Table des matières

La photocomposition de cet ouvrage
a été réalisée par
GRAPHIC HAINAUT
59690 Vieux-Condé
☎ 27.25.04.64

IMPRIMÉ EN FRANCE PAR BRODARD ET TAUPIN
1138E-5 – Usine de La Flèche (Sarthe), le 01-07-1991.
Dépôt légal : juillet 1991.
Nº d'éditeur : 9214.

Collection
fondée par F. BOESPFLUG, animée en Europe
par J.-F. MAYER et, au Canada, par L. CAZA